JN072750

中央大学人文科学研究所　研究叢書79

リアリティの哲学

寺本 剛 編著

中央大学出版部

まえがき

「リアリティの哲学」という本書の書名は、多様なトピックを包含する非常に広範な哲学研究の領域を表している。

古くから哲学では「何が本当に存在しているのか」「存在するとはいかなることか」「私たちの認識は実在を捉えているのか」「外界の存在を証明できるか」といったことが重大な問題として議論されてきた。私たちは、これらの問題について考え、それに首尾一貫した答えを与えようとするプロセスのなかで、この世界のあり方や私たち自身のあり方を根本から問い直し、常識的な世界観を覆して、それとは別の角度から世界を見ることができるようになる。このように哲学においてリアリティと言えば、今述べたような問いを支える「実在」や「存在」といった概念を想定することが多い。その意味で、これらの概念にまつわる探求はすべてリアリティの哲学のうちに数え入れることができる。

実在や存在の探究としてのリアリティの哲学には、おそらく二通りのアプローチが可能だろう。一つは、哲学史的なアプローチである。これまでの哲学の歴史の中で存在や実在というテーマがどのように扱われてきたか、これらの概念がそれぞれの哲学者の理論の中でどのような役割を果たしていたかを文献を探索することで明らかにすれば、そこには時間軸に沿って並んだリアリティの哲学の標本集が出来上がるはずだ。もう一つのアプローチは、実在や存在についての経験や直感をもとに、それらを分析したり、記述したりして、新たな理論を打ち立てようとするものである。言うまでもなく、この二つのアプローチは排他的なものではなく、互いに関係しうるし、通常は関係している。これまでの理論を知り、それを批判的に検討することは、新しい理論を作り上げるきっかけや足がかりになる。逆に、哲学史の探究によって、自分たちが思いもよらなかった発想が過去に存在したことがわかり、それが新しい理論として再評価されることもありうる。

一方で、リアリティという言葉はもっと別の意味も含んでおり、それに合わせてリアリティの哲学というテーマも、実在や存在といった問題にとどまらない広がりを持つ。普通カタカナで「リアリティ」と書けば、それは表現媒体や思想、あるいは出来事がそなえる現実性や現実感、真実味や迫真性を意味する。こうした意味でのリアリティの哲学は、虚構と現実、嘘と真実、噂と事実のギャップにまつわるさまざまな問題を考えるものになるだろう。これは、どちらかというと、応用哲学のフィールドで議論される問題を多く含むものとなるかもしれない。

例えば、科学哲学では科学の理論において概念的に想定されている存在が実在するのかどうかを問う科学的実在論の議論が展開されてきたが、これなどはリアリティの哲学の一事例と言えるだろう。また、最近では、情報技術の発展と普及に伴い、与えられる情報とその外側とのギャップの問題が、フェイクニュース、フィルターバブル、エコーチャンバーなどといった言葉で取り沙汰されているが、こうしたことを情報倫理の観点から考察することもリアリティの哲学の問題に数え入れることができる。すべてがインターネットでつながり、VRなどの技術が発展することで、インターネットの世界の方が多くの人にとってメインの、リアリティのある世界になってしまうとしたら、リアルとフィクションの境やその意味についての私たちの見方を今一度考え直す必要が出てくるが、これなどは技術哲学の切り口からリアリティの哲学を実践することだと言えるかもしれない。あるいは、ＡＩの発展とともに、ＡＩやロボットに知性や心があると言えるのか、といった疑問が生じてくるとすれば、その探究も、「本物の」知性とは何か、「本当に」心があるとはどのようなことなのか、を探求するという意味で、リアリティの哲学に含んでよいかもしれない。

こうした応用哲学的な問題は、先に述べた実在や存在の問題と無縁というわけではない。両者は、何がしかの本質を共有しているのかもしれないし、家族的類似性のようなかたちで緩やかにつながっているのかもしれないが、いずれにしても、リアリティという概念で互いに結びつけることが可能な事象的類縁性を持っていると私は見ている。場合によっては、この両者の関係を問うこと自体もリアリティの哲学の一部とみなすこともできるかもしれない。

このように、リアリティの哲学は、多様なテーマを含みこむ研究領域である。とはいえ、本書はこの広い領域をすべて網羅する論文を取り揃えているわけではない。また、以上の暫定的な分類のどこかに焦点を当てて論文を集めているわけでもない。リアリティの哲学という切り口からの研究はまだ走り出したばかりであり、リアリティの問題をすべて網羅するにはまだまだ時間がかかるし、それができたとしても、一冊の本にそれを詰め込むことは到底不可能である。また、まだ始まったばかりの研究はどうしても手探りで進むしかなく、暫定的な分類はできるものの、体系的に、順を追って研究を進めるというのも難しい。

それゆえ、本書の書名が『リアリティの哲学』となっているのは、この領域を探索する研究の最初の、しかも、恣意的な一歩であるからに過ぎない。希望的観測だが、もしこの領域が有限であり、いつか踏破できるものであるならば、どこから始めても、いつかはその全体像に辿り着くはずである。そうだとすれば、何から始めるかとか、どのように始めるかといったことはあまり重要ではないとも言える。とりあえず、一人ひとりの論者が「リアリティの哲学」というテーマで研究を始めて、探索してみれば、そのうちどこかで他の研究と重なっていき、結局は同じ景色を見ることになるのではないか。こうした壮大な見通しのもと、本書は各論者に「リアリティの哲学」というテーマで自分の問題に引きつけた議論を提供してもらうことにした。ものごとを始める際には最初の一歩をどこに踏み出すかが肝心かもしれないが、とにかく踏み出してみなければ何も起こらないという場合もある。明らかに本書は後者の精神で編まれている。論文の掲載順についても、今述べたような考え方を反映して、特段の基準を設けず、ランダムに並べることとした。どの論文から読んでいただいても、リアリティの哲学への入り口になるはずである。

本書は中央大学人文科学研究所の研究会チーム「リアリティの哲学」の研究成果の一部である。二〇一八年四月から二〇二三年三月までの五年間にわたり研究に協力してくださった研究員の皆様、研究会でご発表いただいた先生方に心より感謝を申し上げたい。また、本チームの研究を遂行する上で、人文科学研究所の前所長である秋山嘉先生、現所長の深町英夫先生、研究所合同事務室の担当者の皆様には多大なるご助力をいただいた。深甚なる感謝を申し上げたい。

二〇二二年十月

研究会チーム「リアリティの哲学」
主査　寺　本　　剛

目次

まえがき

現実と実在と潜在と……入不二基義……1

はじめに 1
一 実在と現実〔その一〕――「実は」と「現に」 2
二 実在と現実〔その二〕――「擬製的創造」と「祈り」 7
三 潜在と現実――その重なりとずれ 18

破壊の形而上学へ……飯盛元章……27

はじめに――実在と破壊 27
一 一般破壊論へ 29
二 特殊破壊論へ 54

ホワイトヘッドの哲学から考えるクオリアのリアリティについて……佐藤陽祐……67
はじめに　67
一　ホワイトヘッド哲学においてクオリアをいかに位置づけるか　68
二　ホワイトヘッドの体系における意識の発生について　71
三　ホワイトヘッドの体系におけるクオリアの所在　79
四　その意識経験が成立する要素としての命題　85
五　経験の唯一無二性について　88
おわりに――心の哲学との対話に向けて　90
実在の経験と根源的相対主義……寺本剛……95
はじめに　95
一　実在論と二元論的説明　99
二　存在の根源的相対主義　102
三　グレー化の危険　106
四　根源的相対性から見る存在　108

五　根源的相対主義の位置づけ　111
六　実在の経験の記述　114

『マトリックス』の世界でのリアリティを考える……青木滋之……121
はじめに　121
一「リアル」とは何か――モーフィアスの説明　126
二　マトリックスと現実世界の対応――機会原因、並行世界、相互作用？　131
三　現実世界も実はマトリックスなのでは――何がリアリティを支えるのか　136

ハイパーオブジェクト時代におけるリアリティ……竹中真也……143
はじめに　143
一　対象という個物のありかた　144
二　ハイパーオブジェクトの基本的規定　148
三　ハイパーオブジェクト時代の人間のリアリティ　154
むすびとして　165

現実と実在と潜在と

入不二 基義

はじめに

拙著『現実性の問題』（筑摩書房、二〇二〇年）のタイトルの英訳は、*The Problem of Actu-Re-ality* である。Actuality（現実性）と Reality（実在性）は対照的に使われることもあるが、私の考え方はそれとは異なる。両者のずれと重なりとその動的関係自体が「現実性」という力の展開であると考えている。その点を考慮して、両者を合体させた "Actu-Re-ality" という造語をタイトルに使用した。

また、「現実性」は「潜在性」と対照的に使われることもある。その最も有名な例は、アリストテレスの「エネルゲイアとデュナミス」という対義語であろう（一つの訳例は「現勢態と潜勢態」）。しかし、私は「現実性と潜在性」の関係を、アリストテレスとは異なる仕方で考えている。まず現実性と潜在性は、対義的な関係にあるのではなく「一体」であると考える。「現に潜在している」のであって、「現に」という現実性と「潜在している」こととは、別個のことではない。より正確に言えば、単純に「一体」なのではなく、動的に捻れた表裏関係において「一体」である。その点を、拙著では「現実性はどこまでも潜在的であり、潜在性はどこまでも現実的である」と表現した。さらに、その一体化した表裏の捩れる動きは、現実性＝形而上と潜在性＝自然との間のギャップあるいは無関係性も指し示す。

本稿では、これらの三つの鍵となる概念「現実性」「実在性」「潜在性」について、特に「現実性と実在性」「現実性と潜在性」の二つの対について、拙著の考察を俯瞰しつつ補いながら、一歩先の考察を試みる。

一　実在と現実〔その一〕――「実は」と「現に」

本稿では、「実在」を、「実は・本当は」という副詞的な働きが産み出す「落差・高低差」から考える。以下で、その「落差・高低差」をいくつかの場面で見てみよう。

一つ目の例として「完璧な黄金の島は、実はその一部が銅でできている」の内に、「実は」性を読み取ることができる。もし「完璧な黄金の島」という概念が、その概念の意味内容にぴったり即したモノしか表せないのであれば、この例は矛盾していることになる。「完璧な黄金（からなる）」ことと「一部が銅（からできている）」こととは、相反するからである。しかし、実際には（これも「実は」性の表現であるが）、矛盾など生じずに、先ほどの例は何の問題もなく読むことができる。「完璧な黄金の島」という概念は、完璧な黄金の島（というその概念に即したモノ）を表すことができるだけでなく、その概念をはみ出すモノ（その概念によって規定し尽くされない未規定部分を持つモノ）まで表すことができる。言い換えれば、「完璧な黄金の島」と呼ばれていた島が、「完璧な黄金」ではないことが分かったとしても、当初の指示自体が無効になるわけではない。指示される「存在（指示対象）」は、その指示のために使われる「概念（意味内容）」を、超え出ている（はみ出している）ことが可能である。

このように、「概念に即したモノ」と「それを超過するモノ」のあいだの高低差――「実は」性――を認めるならば、逆に遡って（より手前の）無意識的な「実は」性も、引き出すことができる。手前の無意識的な「実は」性とは、「完璧な黄金の島」という概念が、「概念それ自体」を自己呈示するのではなく（概念それ自体を超えて）、実は「モノ」（概念に即したモノ）にまで届いていること、その高低差のことである。「概念それ自体→概念に即したモノ→そのモノを超過するモノ」における「→」のところが、「実は」性が表す高低差である。「実は」性とは、それ自体のあり方から溢れ出し・はみ出そうとする勢い（超過性）に相当する。概念は、概念自身に自足することなく、概念に即してモノを志向し、さらにそのモノは、それ以上のモノを志向する。

二つ目の例として、感覚の場面での「実は」性を、クオリア（感覚質）に読み取ることができる。たとえば、「鈍痛」は、「刺痛」でも「激痛」でもないまさに「鈍痛」として概念化されている感覚である。しかし、「鈍痛」と表現される痛みは、その概念化によって汲み尽くされているわけではない。実は「鈍痛」と概念化できる以上の「何か」として感じられているからこそ、「鈍痛のクオリア」という言い方をする。この「実はそれ以上」は、たとえ「鈍痛」をより詳しく記述して「鉛の球を抱え込んだような鈍痛」と表現したとしても、消え去るわけではない。「実はそれ以上」は原理的に消えない落差であって、たまたま言語表現が拙いから消えないのではない。「クオリア」とは、感覚概念の詳細化が無限に可能だとしても、消えずに当の感覚概念に伴走し続ける「実はそれ以上」の何かである。

一つ目の「実は」性が、概念の向こう側へと超え出る「モノ」を志向するのに対して、二つ目の「実は」性は、（感覚）概念の手前へと遡る「感覚質」を志向する。一つ目の例では、「概念（意味）」の水準に対して、「指示対象（の存在）」の水準が超過的に働くのに対して、二つ目の例では、「概念（意味）」の水準に対して、「感じる（という認識）」の水準が超過的に働く。ここにはすでに、意味・存在・認識の三水準のあいだで働く「高低差・落差」が表れている。あるいは、一つ目の「実は」性が「より客観的な」実在性を示し、二つ目の「実は」性は「より主観的な」実在性を示す、と捉えることもできる。客観的な実在性も、主観的な実在性もある。

一つ目の「実は」性が「概念∧存在」の高低差であり、二つ目の「実は」性が「概念∧認識」の高低差であるのに対して、「認識∧存在」の高低差による「実は」性を、三つ目の例として考えることができる。むしろ、「認識∧存在」の高低差による「実は」性が、もっとも「実在」概念として理解しやすいだろう。「認識することはできないが、実は（認識を超えて）存在する」という高低差から、容易に「実在」概念が導かれる。たとえば、（検証可能性を有意味性の基準と考える）検証主義が、「存在すると認識できるからこそ、存在することになる」と考えるのに対して、懐疑論が「存在すると認識できなくとも、存在することは可能である。だから、知ることのできない実在がありうる」と反論する場合を考えてみれば、その一例となる。(1)

さらに、意味・存在・認識の三水準のあいだでの高低差・落差だけでなく、一つの水準の内でも高低差は生じる。たとえば「伝説上の河童は、実は存在する」という例においては、伝説という存在領域と現実世界という存在領域のあいだでの高低差によって、「実は」性が働いている。この場合の「実は」性は、伝説という存在領域が現実世界という存在領域に包摂され、現実世界が伝説領域に対して存在性において優っていることを表す。

通常、志向性（intentionality）は心的な領域で考えられ、傾向性（disposition）は物や身体の領域で考えられて、両者は別物として扱われがちである。(2) しかし、意味・存在・認識の三水準のあいだを巡る高低差――「実は」性――という観点からは、両者を統一的に眺めることができる。

一つ目の例の「概念それ自体↓概念に即したモノ↓そのモノを超過するモノ」という高低差において、「概念」を「心」に置き換え、「概念に即したモノ」を「内在的な対象」に置き換え、「モノを超過するモノ」を「外在的な対象」に置き換えれば、超過の矢印（↓）は心の志向性を表現する。また、その「心（X）↓内在的な対象

（Y）→外在的な対象（Z）」において、Xをモノに潜在する力として読み換え、Yをその潜在的な力が目指す先（ターゲット）として読み換え、Zをその目指す先（ターゲット）の実現として読み換えてみる。たとえば、一個のコップに潜在する力（X）を「壊れやすさ（という傾向性）」として捉えると、Yは「壊れる」という可能的事態であり、Zは「壊れている」という事態の実現になる。

このX→Y→Zの連関は、心と物という領域の区別を超えた一貫性（同種の高低差）を備えている。たとえば、「フォスフェラスとヘスペラスは実際別の惑星なのだと信じていた（X→Y）が、実は同じ惑星である（→Z）」という信念における志向性と、「そのコップは壊れやすく実際壊れるものだが（X→Y）、実はまだ壊れていない（→Z）」という物における傾向性を比べてみるならば、「信念→志向的対象→外在的対象」と「潜在→可能的発現→実際の発現」のあいだには、同型性を見て取ることができる。(3)

ただし、「→Z」のところに、誤って「現実」を読み取ってしまわないように注意しよう。ここでは、実在と現実の違いが焦点である。「→Z」における実在性は、現実性ではないし、「→Z」における実現・発現は、現実性と同じではない。現実性は実在性ではないし、現実と実現・発現とは違う。実在性や実現・発現は、その前段階（X→Y）からの更なる超過（→Z）として、「実は」性の働きの圏内にある。しかし、「現に」という現実性は、X→Y→Zの高低差とは無関係に、その全体でも局所でも無差別に働く。現に「X」であるし、現に「X→Y」でもあるし、現に「Y→Z」でもあるし、現に「X→Y→Z→……」でもある。「現に」という現実性は、「実は」性の働きの圏内のどこにでも入り込んで来るし、また圏外でも働く。

「現に」の働き方を、もう少し追いかけよう。「X（潜在）→Y（可能的発現）→Z（実際の発現）」のケースでは、「Xは現に潜在している」。「壊れやすい」ということは、現にそういう傾向性を持つということである。現実性と潜在性は一体化しているのである。ということは、「X（潜在）」のところですでに「現に」という現実性が働いている。「↓Z」のところに至って「現実」が導入されるのではなく、そもそもの始めからすでに現実性は働いている。同様に、「X（信念）↓Y（志向的対象）↓Z（外在的対象）」のケースでは、心の外（外在的対象）において「現実」が初めて導入されるのではなく、心の内（信念）自体がすでに「現に（信じている）」という現実性の働きの内にある。

そもそもの始め（X）から働いている力（現実性）が、その後も働き続けたうえで、最後の「↓Z（外在や実現）」のところで、可視化されて目立っているだけのことである。現実性の力は、可視化される以前からすでに働いているし、たとえ可視化されることがないとしても透明に働いている。「現に」という現実性の力は、「X↓Y↓Z↓……」の全域でも局所でも無差別に働く。その無差別の遍在性において、現実性の働き方は、高低差のある二者関係において働く「実は」性とは異なっている。

このように、第一節「実在と現実」の要点は、実在性と現実性の対照にある。それは、二者間の高低差という差分による働き方と、全域かつ局所という汎通的・遍在的な働き方との対照である。

「実は」性の高低差からは、特にその高低差が幾重にも折り重なる場合には、「X〈実は〉Y」のYが、手前のXに対して、現れることに抗ったり隠れていたりする。その「抗いや隠れ」の効果がモノ性（事象性）である。「実は」の先（Y）の不透明さや抵抗が実体化して、モノ（事象）として出現する。しかし逆転すれば、そのモノ（事象）には、そもそも抗い隠れる力が備わっているからこそ、その力の発現として「実は」の前後の高低差が出現する（ということにもなる）。この実在性の循環的な在り方の内では、二種類の逆向きのベクトルが同時に働いている。一つは「実は」の先の先へと向かおうとする（高低差を上がる）ベクトルであり、もう一つは、その無限の先から逆にこちら（手前）へと向かってくる（高低差を下がる）ベクトルである。モノ（事象）の実在性は、そのような逆方向の複数のベクトルの交わりや均衡によって成立している。

一方、「現に」という現実性は「実は」性とは異なる。現実性は、方向性や高低差とはまったく無縁に、ただ遍在的に働くのみであり、モノ（事象）のような「抗いや隠れ」とも無縁に（滞り淀むことなどなく）、ただ透明に働くのみである。もちろん、「現に」という透明な現実性も、「実は」の高低差へと重なり被さりつつ、透明度を下げる（不透明になる）ことによって、特に可視的になる局面はある。モノ（事象）の大きな抵抗や強い隠れに出会う場合や、クオリアの深度を強く感じ取る場面は、そのような局面になりうる。しかしそれでも、「現に」という現実性は、個々の高低差がどのようなものであるかとは無関係に働く。現実性は、現れも隠れもせず、実在性の運動（昇降や循環）の内に全浸透している。

"Actu-Re-ality"という造語の先頭が"Actu"であるのは、最も外側で（全浸透して）働く力を示すためである。また、造語のあいだに"Re"が挟み込まれていることには、二つの意味が重ねられている。一つは、"Actu"の力がモノ性（事象性）—Res—を貫通すること、もう一つは、「実は」性が高低差の反復—Re—において働くことである。こうして、現実性の力の働きの中途に、実在性が差し挟まれる造語になっている。外側（Actu）と中間（—Re—）を経て、最後の"ality"において、"Actuality"と"Reality"が重なる。この重なりは、奥深くまで「現に」の力が貫くことを表している。"Actu-Re-ality"は、これらを全て含み込んだ語構成になっている。

二　実在と現実〔その二〕——「擬製的創造」と「祈り」

第一節では、モノ（事象）の実在性の内に、二つの逆向きのベクトルが循環的に働いていることを読み取った。一つは、「実は」の反復（「実は」の先の更なる「実は」……）の中で働く「こちらからあちらへと向かう」ベクトルである。こちらからの接近・把握に対して、それを超過し・隠れ・抗い、あちらへと遠のく先に、モノ（事象）

が効果として浮上する。もう一つは逆に、そのモノ（事象）の力があらかじめ「あちら」に控えていて、「そこからこちらへと働きかけてくる」ベクトルである。あちらのモノ（事象）があらかじめ力を宿していて、こちらの接近・把握を誘うからこそ、「実は」の反復（「実は」の先の更なる「実は」……）が発動される。しかも、この両方向性は、どちらが先でどちらが後という関係ではなくて、「実は」の反復の効果として浮上するモノ（事象）が、その「実は」の反復自体を駆動する当のものである、という循環関係にある。「実は」の反復は、モノ（事象）の原因でもあり結果でもある。

この循環構造は、モノ（事象）の実在性の内にすでに「実在論的な実在の捉え方」と「反実在論的な実在の捉え方」の両方が、あらかじめ同居して協働していることを表している。もちろん、「あちらからこちらへと働きかけてくる」ベクトルが、実在論的な捉え方に対応し、「こちらからあちらへと向かう」ベクトルが、反実在論的な捉え方に対応する。「実在論的な実在の捉え方」の代表例は、いわゆるプラトニズムであろう。あらかじめ実在としてのイデアがあちらに控えているからこそ、その現れが我々に現象する（ことが可能になる）。そのプラトニズムへのカウンターとしての「反実在論的な実在の捉え方」の例を、近藤和敬の「擬製的創造」に見てみよう。(4)

以下の図（近藤の論を基に入不二が作成）のように、「そうである」という私たちの持続的現在のポジションが、プラトニズムと近藤の擬製的創造においては逆転する。

プラトニズムにおいては、「無-現在的に（無時制的に）そうである」というイデア的な真理が、持続的現在という現象よりも、存在論的に先立つ仕方で実在する。プラトニズムの順序では、「真理（そうである）が無時制的に実在して、もともとそうであったことによって、そうであり、これからもそうであろう」のように、無時制的な実在に基づいて時制的な現象（過去→持続的現在→未来）が導かれる。

一方、擬製的創造においては、むしろ「私たちの持続的現在」のほうが出発点である。プラトニズムが無時制主義であるのに対して、擬製的創造は（すべては現在において生じるという意味で）現在主義である。「（まず持続的現在においてそうであることによって、もともと（過去において）そうであったし、これからも（未来において）そうであろうことになる」。そのように、プラトニズムでは出発点であった無時制的な真理の実在は、〈ことになる〉という擬製的創造によって「創造される」ものに転換している。ここには、プラトニズム的な真理は〈ことになる〉によって後から創られるという「反実在論」的な観点が見て取れる。

近藤の説明では、〈ことになる〉によってプラトニズム的な真理が「創造」されるときには、「否定辞の繰り込み」もいっしょに生じる（同書一八四頁）。すなわち、「現に（こうであって）そうでないのだから、これまでもそうでなかったし、これからもそうではなかろう〈ことになる〉」。こうして「（そもそ

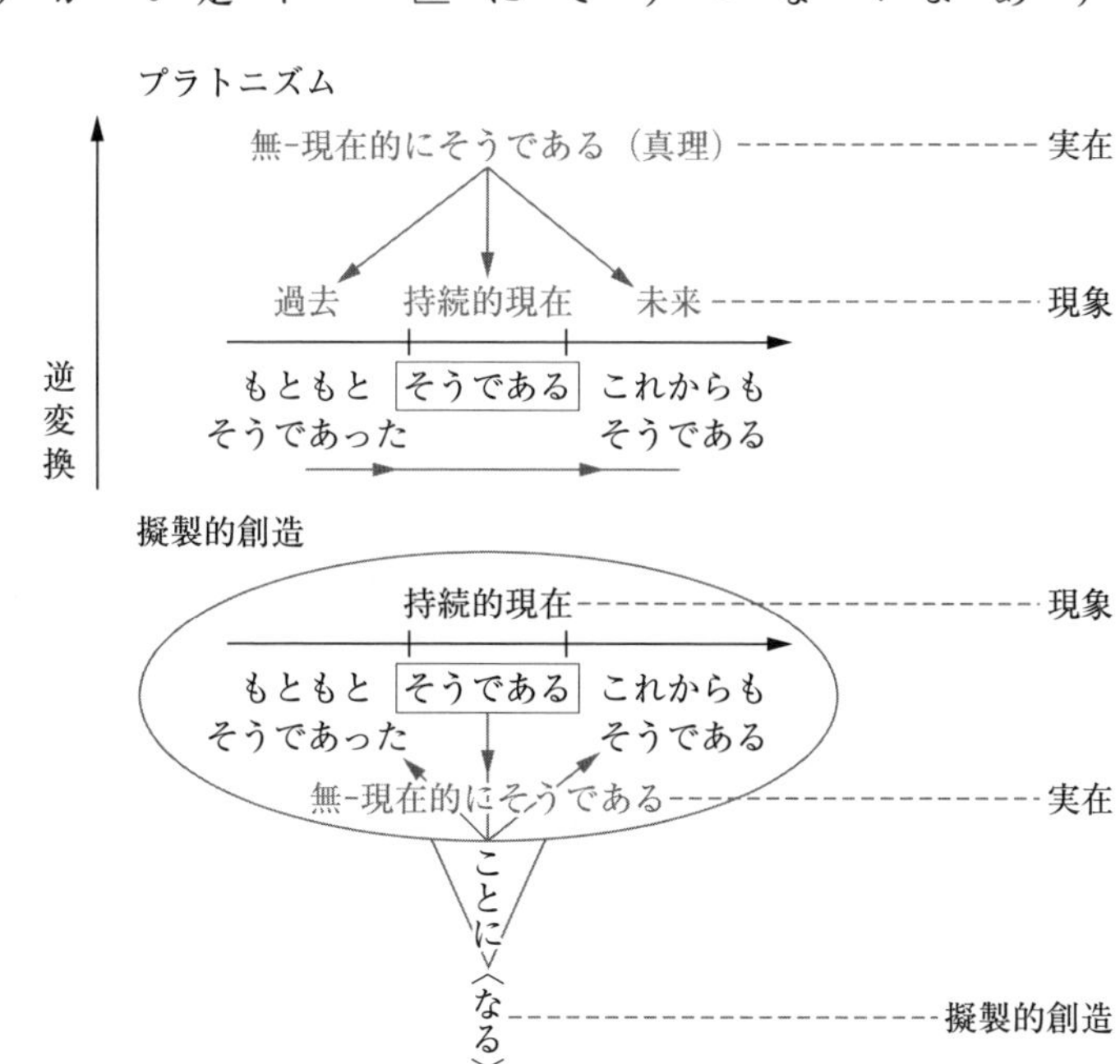

も）そうではない」が「創造」される。「そうではなく、こうである」へと真理は一元化されるわけである。近藤は、「否定辞の繰り込み」になる以前の否定の形式として、「ことには〈なら〉ない」にも言及している。その場合には、「否定辞の繰り込み」のようには、プラトニズム的な真理の「創造」にまでは至らない。

さて私は、「プラトニズムと擬製的創造」を、モノ（事象）の実在性を構成する二方向のベクトル――実在論的な捉え方と反実在論的な捉え方――と同様のものと考えようとしている。しかし、そのように見るためには、「擬製的創造」に追加しておかなくてはならない論点がある。近藤自身の論構成においては、プラトニズムではなく擬製的創造が、実在論ではなく反実在論が、（当然のことながら）優位を占めている。前者は、後者が逆立ちした錯視的な像として（劣位で）扱われる。しかし、私のほうの扱い方では、「プラトニズムと擬製的創造」「実在論的と反実在論的」は、モノ（事象）の実在性を構成する対等な循環要因として、イーブンであると考えている。そこで、近藤の「擬製的創造」に対して、その優位性の傾きを減じる論点を加えておく必要がある。

その一点目は、擬製的創造を表すために、〈ことになる〉は適切であるけれども、〈ことにしておく〉（同書二〇一頁・二〇二頁等）は適切ではない、という小さな論点である。擬製的創造は、意図的にしたり／しなかったりを選べるような製作ではなくて、むしろ「そう〈なる〉しかない」「そう〈なって〉しまう」という力を伴っているはずだからである。「しておく」では、意図的な行為性がいささか強く出すぎてしまう。

二つ目の論点は、「である」と「なる」がそれぞれに持つ二重性、あるいはそれぞれに生じる相互転換についてである。まず、「である」という一つの表現には、持続的現在を表す「時制的」用法と、無-現在的な真理を表す「無時制的」用法が重なっている。言い換えれば、「である」は、時制の三区分の一つに転落もするし、そこから三区分を俯瞰するように上昇もする。そのように「である」が二重に働くことによって、擬製的創造が成立している。

「なる」もまた同様の二重性を備えているし、いなければならない。〈ことになる〉における「なる」は、前掲の図の形に従えば、「垂直的な生成」と呼ぶことができる。それは、無時制的（無-現在的）な「である」に対応する「無時制的な生成」である。しかし「なる」は、「垂直的な生成」であるだけではなく、「水平的な生成」でもある。というのも、創造されるのは、「もともとそうであった」「現在そうである」「これからもそうであろう」という時制区分を含む世界であり、その三区分のあいだには時間推移の「なる」（水平的な生成）が成りたっていなければならないからである。「なる」という一つの表現には、二種類の生成が重なっていて、互いに転換する。無時制的な「なる」が時間推移の「なる」の内に落下して組み込まれもすれば、時間推移の「なる」が無時制的な「なる」へと（時間脱色的に）変換されもする。

この「である」と「なる」の二重性・相互転換に着目すれば、プラトニズムと擬製的創造の両者を、「である」と「なる」を介した反転図形のように見なすことができる。プラトニズムと擬製的創造は、実は合わせて「一つの図形」であって、見える側の「図」と隠れる側の「地」の間で拮抗する。その図と地の関係は、「である」と「なる」の二重性・相互転換を介して、容易に反転する。したがって、擬製的な創造に付与された優位性は、反転図形における図化に等しいものであって、絶対的な優位性ではないので、図地反転すれば優位性はプラトニズムのほうへと転化する。

三つ目の論点は、〈ことになる〉の忘却という否定の形式についてである。先ほど、近藤が区別している「否定辞の繰り込み」と「それ以前の否定の形式」は確認したが、ここにもう一つ、第三の否定の働きを加えておきたい。その第三の否定が、〈ことになる〉を忘却するという否定の形式である。

「否定辞の繰り込み」では、〈ことになる〉自体はまったく否定されない。一方「それ以前の否定の形式」では、〈ことにはならない〉という否定によって、逆変換（ことになる）がプラトニズムには至らない。しかし、私が付け加えたい第三の否定（忘却）は、このどちらでもない。第三の否定においては、〈ことになる〉はある意味で否定されるのだが、その否定によって、プラトニズムの手前で止まるどころか、むしろプラトニズムへの逆変換がより十分になされる。第三の否定は、「〈ことになる〉が生じたうえで、そのことが忘れ去られる」という否定である。プラトニズムへの逆変換が完全に遂行されるためには、すなわちプラトニズムになりきるためには、〈ことになる〉が付いたままではまだ不十分である。〈ことになる〉が成立したうえで、その〈ことになる〉がそもそも無かったことになるところまで、忘却が進まなくてはならない。擬製的創造がプラトニズムを導き出すことに十分に成功するためには、〈ことになる〉が生じたうえで、むしろ忘れ去られて、プラトニズムと寸分違わないものが導かれる必要がある。忘却による〈ことになる〉の否定とは、「……でない〈ことになる〉」という繰り込みでもなく、〈ことにはならない〉という手前の否定でもなく、〈ことになりきる〉による〈ことになる〉の消去（自己成就のための自己消去）なのである。

しかし、たとえ「忘却」という否定の形式であっても、それが否定である限りは、否定の否定（忘却の取り消し）としての「想起」が回帰する可能性に開かれている。いったんは忘れ去られていたが、その〈ことになる〉がもう一度復活してきて、「単に忘れられていただけで、実は〈ことになる〉によって創造されたのだ」へと戻ることが、〈ことになる〉の想起である。もちろん、「その想起された〈ことになる〉が再び忘却されて、実はそもそも〈ことになる〉は無かった」へと、もう一度戻るという可能性もある。

このように、〈ことになる〉の忘却と想起の反復可能性のところにまで話を詰めるならば、この反復可能性は、実在性を構成する二つの逆向きベクトルの循環へと接続できる。言い換えれば、「プラトニズムと擬製的創造」にも、「実在論的な実在性と反実在論的な実在性」にも、その根っこの部分に、同じ「実は」性（高低差）の反復を見て取ることができる。次の1．2．3．のように、〈ことになる〉の忘却と想起の反復可能性も、「実は」性の繰り返しになっている。

1．単純に「そうである」のではなく、実は「そうである〈ことになる〉」。

2．「そうである〈ことになる〉」のだが、実は〈ことになる〉は忘却されて「そうである」だけが残るので、実は（結局は）「端的にそうである」。

3．〈ことになる〉は忘却されているだけであって、実は「端的にそうである〈ことになる〉」。

この高低差の反復は、エッシャーのリトグラフ「上昇と下降」の階段の上り下りに似ている。「実は」の階段を昇っているのに、降りて元の高さに戻ってくることになって循環する。(5) こちらから退く効果として「モノ（事象）」が浮上するという方向性と、その逆の方向性——あらかじめ向こうに控えている「モノ（事象）」の力がこちらを誘い、自らを部分的に顕すという方向性——のあいだでも、エッシャー的な循環が発生する。「モノ（事象）」へ向けて「昇っている」ことが、「モノ（事象）」の方から降りてきていることになるという循環である。

正しい実在の捉え方はどちらなのか（プラトニズムか擬製的創造か、実在論か反実在論か）が、問題なのではない。この反復や循環が示しているのは、そもそも「実在性」自体が、正反対のエレメント間での反復や循環によって構成されているということ、これである。「実在論的↓↑反実在論的」が反復し循環すること自体が、モノ（事象）の実在性を成り立たせているのである。

ここまでの考察が示しているのは、「実在性とは独特の関係性である」ということである。「関係性である」というのは、二者間の差分・反転・循環のことを表しているし、「独特の」というのは、その関係が正反対のエレメントの共犯関係であることを表している。

ところで、「実在性は関係性である」のに対して「現実性は関係性ではない」「現実性は関係性と無縁である」と言うことができる。第一節では、次のように述べた。

> （……）現実性は、方向性や高低差とはまったく無縁に、ただ遍在的に働くのみであり、モノ（事象）のような「抗いや隠れ」とも無縁に（滞り淀むことなどなく）、ただ透明に働くのみである。（……）「現に」という現実性は、個々の高低差がどのようなものであるかとは無関係に働く。現実性は、現れも隠れもせず、実在性の運動（昇降や循環）の内に全浸透している。

ここからも、現実性は（関係性によってではなく）無関係性によって特徴づけられることが分かる。この「現実性は関係性と無縁である」という点にもう一歩踏み込むために、「祈り」という行為を採り上げてみよう。

前掲拙著では、第3章・第3節「選択と賭けと祈り」において、「祈り」について論じている。本稿の議論に必要な範囲でその論旨をまとめつつ、補強的な考察も加えておくと、以下のようになる。選択から賭けへ、賭けから神頼みへ、そして祈りへという順序で考察は進む。

まず、選択から賭けへの移行を、能動性・主体性・合理性の低減という観点から捉えることができる。その低減の方向性は「こちら側」と「あちら側」の関係性の変化でもある。

選択とは、複数の可能な候補の中から、それなりの根拠・理由に基づいて、一つを選び出す意図的な行為である。典型的な選択においては、受動的に「選ばされる」のではなく、他ならぬ自分が自らの意志で、諸々の思案に基づいて選択を行う。その点で、選択は、能動性や主体性を強く備えているし、根拠・理由等による合理性を持たなくてはならない。

それに対して、賭けの場合には、能動性・主体性は変容するし、合理性は後退する。たとえば、選択のための根拠（合理性）になるような確率の数値やその他の諸理由が、見つからなくなるとしよう。それでもなお、（迷ったままではなく）一つを選び出す場合には、それはもう「選択」というよりも「賭け」に近づく。根拠（合理性）が尽きたところでの選び出しであり、合理性と結びついた理性的な主体性は低減し、むしろ理性的な主体性に代わる賭け的な主体性が浮上する。賭け的な主体は、合理的な能動主体ではなくなるが、完全に受動的になるわけでもない。その「中間」的な主体として、「（賭けに）のめり込む」。こうして、「こちら側」から「あちら側」へ向けられるコントロール度合いは低減し、「あちら側」に任せるしかない度合いが増大する。

次に、「賭け」から「神頼み」への移行を考えてみよう。「賭け」において低減する能動性・主体性・合理性を、更にいっそう低減させると「神頼み」へと移行する。「選択」の場合は主に理性による計算を通じて、「賭け」の場合は主に無根拠な意志と偶然を通じて、何かを実現しようとする。「選択と賭け」どちらの場合も、「こちら側」から「あちら側」への働きかけによって、望むものの実現を意図している。しかし、「神頼み」においては、まさにその「こちら側」から「あちら側」への働きかけが、より小さくなる。すなわち、「頼む」しかないところにまで、働きかけは縮小する。「こちら側」からの能動的な働きかけによっては実現の見込みがないからこそ、「神頼み」になるのである。「神頼み」においては、合理的な計算も意志的なのめり込みも無力になって、「あちら側（神）」に任せるしかなくなる。「実現」は「あちら側（神）」次第のことになる。こうして、「こちら側」と「あちら側」の関係性はもう一段階変化したことになる。

「選択→賭け→神頼み」の移行は、「こちら側」から働きかける力のベクトルと「あちら側」の持っている力のベクトルが拮抗し、その拮抗の度合いを変えていく。この両方向の力が異なる度合いで出会う各所において、「選択・賭け・神頼み」のそれぞれが成立する。この点からは、「選択・賭け・神頼み」という行為の区別と、モノ（事象）の実在性の捉え方（実在論的か反実在論的か）とのあいだに、対応関係があることが分かる。行為の区別も実在性の捉え方も、どちらにおいても、二方向の逆向きベクトルが協働していて、その力関係に応じて違いが出現する。モノ（事象）の実在性の捉え方を、〈反実在論的な実在性―中間的な実在性―実在論的な実在性〉の三つに分けておくと、〈選択―賭け―神頼み〉という行為の三区分と、大まかに対応することになる。

さて「祈り」である。「祈り」は、「選択や賭け」に似ていないのはもちろんのこと、さらに「神頼み」とも異なっている。

「神頼み」は、前二者（選択と賭け）に残っている能動性・主体性を放棄せざるを得ない段階まで来ていた。だからこそ、神に「頼む」しかなくなっていたのである。しかし逆に言えば、「頼む」という仕方で、「こちら側」と「あちら側（神）」との（頼むしかないという）関係性は、わずかには残っていることになる。「祈り」が「神頼み」と異なるのは、まさにこの点である。「祈り」の場合には、（神頼みとは違って）能動性・主体性は完璧に放棄されて、「こちら側（祈る側）」と「あちら側（神）」の相互関係では、そもそもなくなる。いや、そうなるときに、「祈り」は「純粋な祈り」になる。「神頼み」における神は、私たちの頼みを聴いてかなえてくれたり、くれなかったりする神である。しかし、「祈り」における神が、仮にこちら側からのアクセス（祈り）に応じて何かをしてくれたり、してくれなかったりするのだと想定してしまうと、それは「祈り」ではなくて「お願い」「嘆願」になってしまう。「お願い」「嘆願」は「祈り」ではない。「祈り」になるためには、「こちら側（祈る側）」からのアクセスと「あちら側（神）」のリアクションという関係性自体がないのでなければならない。

ただし、「関係性自体がない」というのは、「あちら側（神）」と「こちら側（祈り）」が単に別個に存在するということではない。それでは「関係性自体がない」にはならずに、「断絶・孤立」という関係になってしまう。「祈り」における無関係性は、影響関係なしに独立自存していることではない。

「X（善き現実）を祈る」が「Xの実現を神に懇願する」と違うのは、懇願のように「Xが実現していない現実を、Xが実現している現実に変えて下さい」と神に頼んでいるわけではないからである。祈りの場合には、未実現と実現という二種類の現実もなければ、未実現から実現への変化もない。祈りの場合には、ただ一つの現実が始めからXなのであり、その同じ一つの現実の中で、この祈りが現に為されている。ただそれだけ。そこで止まるのが「祈り」である。

祈りの場合には、祈りも神も、何かを実現する主体ではないし、「こちら側」と「あちら側」に分かれてもいない。祈りも神も、現実性の働きにおいて一体であり、祈りの内容（X）もそれを祈る行為も、現実性の働きの下での挿絵のようなものに過ぎない。むしろ、その挿絵さえも目立つことなく背景に退き、（祈り＝神の）現実性が働いているだけのようになるほうが、「祈り」の純度は上がる。

「祈り」には「関係性自体がない」。それは、「祈り」を貫く現実性が、（選択・賭け・神頼み・懇願等よりも）純度の高い仕方で、その力を働かせていることを表している。「祈り」は、現実性という神に、できる限り透明に働いてもらおうとする試み（儀式）である、と言うこともできる。

このように「選択→賭け→神頼み→……→祈り」の移行を辿ってくると、「祈り」へと至る道筋が、実在性から現実性への移行であることが分かる。「選択→賭け→神頼み→……」はすべて、「こちら側」と「あちら側」の関係性の変化（実在性の圏域）である。それに対して、「祈り」だけは、その関係性自体がないこと（無関係性）によって、「現に」という力を透明に近い形で呼び込む（現実性の圏域）。「プラトニズムと擬製的創造」は実在性をめぐる対立であったが、「祈り」はその対立関係とは別の水準（現実性の水準）で働いている。

「プラトニズムと擬製的創造」の対立では、〈ことになる〉が重要な役割をはたしていた。〈ことになる〉の忘却がプラトニズムへとつながり、〈ことになる〉の想起が擬製的創造へとつながっていた。しかし、「祈り」においては、〈ことになる〉は端的に登場しない。「祈り」という行為は、ひたすら現実性の働きに寄り添うだけであり、〈ことになる〉が導入する「反転・循環」（実在論⇅反実在論）の働く余地がそもそもないからである。

第二節の最後に、「〈ことになる〉が端的に登場しない」という「祈り」の一歩手前には、〈ことになりきる〉の忘却の理念的な完成態が位置することも付け加えておこう。「忘却の理念的な完成態」とは、〈ことになりきる〉によって〈ことになる〉自体を完全消去するという「自己成就のための完全自己消去」である。「端的な登場しなさ」と、その手前の「〈ことになりきる〉による完全自己消去」との違いは、紙一重である。それは、現実性と実在性のあいだの紙一重の違いでもある。

三　潜在と現実――その重なりとずれ

冒頭でも述べたように、アリストテレスの「エネルゲイアとデュナミス」のペアが表す「現実（現勢態）と潜在（潜勢態）」は、本稿が考える「現実性と潜在性」とは異なっている。その違いについて、さらに考察を加えよう。

デュナミスとエネルゲイアのあいだには、前者から後者が実現・発現・生成するという関係がある。一例として、「壊れやすさ（fragility）」という傾向性（disposition）を採り上げ、「ある壊れやすいガラスのコップがあって、そのコップが実際に壊れた」という場面を考えてみる。このケースでは、「壊れやすさ」がデュナミス（潜勢態）に相当し、実際に「壊れている」状態がエネルゲイア（現勢態）に相当する。

そのコップは、たとえ実際には壊れていないとしても、壊れやすい（＝壊れやすさという傾向性を備えている）ことに変わりはない。「壊れやすさ」という性質は、実際に壊れるかどうかとは別に、そのガラスのコップに〈潜在する〉性質である。この潜在する傾向性が、（ある状況の下で）実現・発現すると、実際の壊れた状態が現れる。壊れやすさ（傾向性）は、まだ発揮されてはいない潜在的な力としてコップに内在し、そこに他の諸力（衝撃など）が加わることによって、「実際の壊れ」が結果として現れる。その現れの出来は「結果」であり、潜在する力は（他の諸力と共に働く）「原因」である。(6)

第一節で考察した「高低差」が、このケースにも読み取れる。それは、デュナミス（潜勢態）そのものが含む「高低差」でもあるし、デュナミス（潜勢態）とエネルゲイア（現勢態）のあいだの「高低差」でもある。「壊れやすさ」は、「壊れている」状態へと方向づけられた特定の傾向性であって、他のたとえば「水に溶ける」状態へと方向づけられてはいない。ということは、ある潜在的な力は、ただ潜在しているのではなく、実は一定の方向性を有している。言い換えれば、傾向性を持った力は、ある実現状態を（実現する前から）実は目指している。潜在態が含むこの「方向づけ」が、一つ目の「高低差」である。この「高低差」は、第一節で述べた「X→Y」である。そして、単に「目指している」だけに留まらず、（条件が整えば）実際にそれが実現する。この「実際に」が、傾向性と実現とのギャップであり、二つ目の「高低差」である。この「高低差」は、第一節で述べた「Y→Z」である。

「実は」や「実際に」は、「高低差」が働く実在性の圏域にある。ということは、傾向性とその発現（デュナミスとエネルゲイア）もまた、「高低差」が働くという点で、実在性の圏域に位置づけられる。その場合、潜勢態から現実態への移行——実現・発現——は、両態に跨がる一つの実在において生じる相転換のようなものになる。同一の実在が、潜勢態という相から、現実態という相へと転換する。

それでは、「高低差」とは無関係に働く「現に」という現実性は、このケース（傾向性とその発現）において、どのように働いているのだろうか。

実際には壊れていなくとも、「壊れやすさ」という傾向性は、現に（現実に）働いている力である。「壊れやすさ」は現に傾向性として働いている。あるいは、「壊れやすい」ことは、もちろん「壊れている」こととは違うが、それでもそのままで現実である。「潜勢態」という在り方自体が、潜在という仕方で働いている現実なのである。この潜在にぴったり重なった現実性を、アリストテレスの用語――エネルゲイア（現実態）とデュナミス（潜勢態）――では、適切に表すことができない。

さらに、潜勢態も「現実」であるが、現実態も同じく「現実」である。現に潜在し、現に実現する。「現に」という現実性は、傾向性とその実現の違いなどお構いなしに貫いて、まったく同じように働く。「現に壊れている」の「現に」の働きは、「現に壊れやすい」の「現に」の働きと何の違いもない。「現に」という現実性は、傾向性と実現・発現の間にある高低差に関係なく、それを跨いでフラットに働く。潜在と顕在を貫いて働くこの現実性を、アリストテレスの用語――エネルゲイア（現実態）とデュナミス（潜勢態）――では、適切に表すことができない。

結局、アリストテレスの「デュナミス（潜勢態）とエネルゲイア（現実態）」では、本稿の考えようとする潜在性と現実性をうまく捉えることができない。あるいは、アリストテレスの用語法では、「実現・発現」を「現実性」それ自体と取り違えてしまうことになる。そのような「現実性」に関する「不全」が生じてしまう理由は、いくつか考えられる。

一つは、認識論的なバイアスである。「現実性」は、存在・認識・意味のどの水準にも閉じ込めることはできない遍在的な力の働きである。それにもかかわらず、「現実性」を「現実と感じられるもの」や「現実として現れてくるもの」に狭めてしまうことによって、「現実」は「現前や実現」と取り違えられる。たとえ「現前」しなくとも、また「実現」以前であっても、「現に」という現実性は働いている。それにもかかわらず、取り違えられる。これが、認識論的なバイアスによる「不全」である。

もう一つは、「実際」と「現に」の混同による「不全」である。傾向性（壊れやすい）に対するその発現（実際壊れている）は、たしかに「現実性」を喚起するかもしれない。しかし、ここには細心の注意が必要である。その「現に」という現実性は、「壊れている」のではない「壊れやすい」にも何の違いもなく働いていて、「現に壊れやすい」であることを忘れないようにしよう。「壊れやすい」と「壊れている」の差は、「現に」という現実性に関する差ではなく、傾向性とその発現の差である。つまり、「壊れやすく実際壊れている」の「実際」は、「現実性」を表しているのではなく、傾向性とその発現の間の「差分（高低差）」を表している。より正確に言えば、その「差分（高低差）」を跨いで、「現実性」は遍在的に働いているので、「実際」に対しても「現に」が被さって働いてもいる。だからこそ、「実際」と「現に」は混同されやすい。しかし、差分的に働く「実際」と遍在的・非差分的に働く「現に」が、異なることに変わりはない。この「実際」と「現に」が重なりつつずれて働くことを無視してしまうと、「実現・発現」がそのまま「現実性」それ自体に等しいという誤解が生じる。

さらに、原因と結果の関係をどう考えるのかも、この「不全」に影響してくる。

傾向性とその発現の全体に、「現に」という現実性が無差別に働くという本稿の考え方に親和的なのは、次のような原因—結果の捉え方である。(7) 傾向性を持つ潜在的な力は「原因」（の主要な一つ）であり、傾向性の発現はその力の現れであり、結果である。しかも、原因としての潜在的な力は、結果としての現れを生み出した後も、他の諸力との協働によって形姿を変えることはあっても、消えてなくなってしまうわけではない。すなわち、原因の力は結果の内で働き続ける。原因の力は、その力が生み出す結果の内で、さらにその結果の結果の内でも働き続ける（原因の力のこの働き方は、現実性の力が遍在的に働くことにいくらか似ている）。これと対立する因果観は、原因と結果を独立の別の出来事として捉える因果観である。原因となる出来事と結果となる出来事とは、もともと（時空的に）別個の出来事であって、あとから（因果的に）関係づけられる。こちらの因果観のもとでは、結果が生じているときには原因はもう存在しないため、現前している結果にこそ現実性を感じ取りやすくなる。そこで、（原因ではなく）結果の方に現実性が偏ってしまう。この「現前」や「感じ」への偏向は、一番目の認識論的バイアスにつながる。

本稿の（すなわちアリストテレス的ではない）「現実性と潜在性」の捉え方に戻ろう。

（壊れやすさのような）傾向性を備えた潜在的な力は、発現への傾き（方向づけ・高低差）を内包しているが、実際に発現することもあれば、発現しないこともある。潜在性についてのこの記述は、「壊れやすい」「壊れる」等の一定の記述によって与えられる「潜在性のチャンク（一定のかたまり）」を想定し、その基本要因を取り出している。すなわち、〈壊れ〉に関わる「潜在的な力」と「傾き（方向性）」と「発現」という三つの基本的なエレメントを挙げることによって、ある潜在領域のチャンクを切り出している。

この「一定の記述」を変えたり拡げたりするならば、「潜在性のチャンク」はそのバルク（嵩）を増大させ、潜在性の深度は増していく。たとえば、「コップの壊れやすさ」という傾向性（潜在的な力）の基礎には、そのコップを構成する一定の原子・分子の配列や結合が存在するだろう。そして、そのミクロの構造が「壊れやすさ」を生み出しているとすれば、こんどはそのミクロの構造自体が、より深いレベルの傾向性（傾向性の傾向性）——壊れやすさ自体を生み出す傾向性——を持つことになる。実際に記述を与えることはどこかの段階でできなくなるとしても、この潜在性の深度の大きさ（傾向性の傾向性の傾向性……）には、原理的な制限はない。潜在性はどこまでも深まりうる。潜在性の場には、無数のレイヤーが重なり合っている。(8)

「潜在性のチャンク」は、垂直方向に深まっていくだけでなく、水平方向にも拡がっていく。ある傾向性の発現が、別の傾向性の潜在であったり、ある傾向性それ自体が、別の傾向性の発現であったりする。つまり、ある観点からの顕在は、別の観点からの潜在であったり、ある傾向性それ自体が、別の傾向性の発現であったりする。たとえば、壊れやすいガラスのコップが、実際壊れているとして、その顕在化している〈壊れ〉の状態は、〈ケガをさせやすい〉という別の傾向性を潜在させている。また、ある器の壊れやすさ（という潜在的な傾向性）が、繊細な美しさの発現・顕現であってもおかしくない。このように、いくつもの潜在性のチャンクは、相互に結びつき・重なり合いながら拡大していき、複雑なネットワークを形成する。潜在性の場は、無限の深さと無限の広がりを宿している。

このように考えてくると、理論上は、潜在性の場の「最も深いレイヤー（最深潜在性）」と、「最も浅いレイヤー（ゼロ潜在性）」を想定することができる。最も深いレイヤー（最深潜在性）においては、（より浅いレイヤーとは違って）「傾き（方向性）」や「発現」は見えなくなり、「潜在的な力」だけが無方向的に蠢いているだけになる。それとは正反対に、最も浅いレイヤー（ゼロ潜在性）においては、力の傾向的な働きは限りなくゼロに近づいて、「発現」という表面だけが残される（発現しっぱなし）。潜在性の場を「海」に喩えるならば、最深潜在性は「海底」であり、ゼロ潜在性は「海面」である。そのどちらでもない通常の潜在性（傾向性）は、海底と海面の中間の「海中（海水）」である。その中間には、無限のレイヤーと無数のチャンクの拡がりが含まれている。

「最深潜在性―中間潜在性―ゼロ潜在性」を「海底―海中―海面」に喩えることのポイントの一つは三層の対応関係にあるが、もう一つのポイントは「水」のマテリアリティ（物質性）にある。潜在性の場を構成しているのは、特定の（記述可能な）物質だけではないが、それでも何らかの物質性を備えたマテリアルな自然物である。そのマテリアルが、どのようなレイヤーを含み、どのようなチャンクのネットワークを構成しているかについては、「自然学」が探究する。その「海」のような潜在性の在り方に対して、「現に」という現実性の働きは一線を画する。それは、「現に」という現実性が、「自然学」ではなく「形而上学」に属する力だからである。

もちろん、すでに何度か述べたように、現実性と潜在性には、「一体」であるという側面がある（動的に捻れた表裏関係においてであるけれども）。「現に」という現実性の働きは、潜在性の場（最深潜在性—中間潜在性—ゼロ潜在性）の全体に及んでいて、現に潜在するし、現に顕在へと浮上するし、現に現前する。「現に」という力は、潜在性の場全体に及ぶという仕方で、たしかに「一体」化している。また、「現に」という現実性は、「現に」という表記も消え去る方が望ましいくらいに透明に働いている。その点では、「現に」という現実性の力は、隠れてはいないのに最も潜在的でもある。現実性の力には、そもそも現れと隠れの区別がないので、顕わになっていること自体が最も密かに働いている。まるで、（潜在性の場の）最深潜在性とゼロ潜在性という正反対の極のみを取り出して、その両極を貼り合わせて働かせたものが、「現実性の力」のようにも見える。

そのように重なって働きながらも、それでもなお、現実性と潜在性は、決定的なずれ（ギャップ）を残したままである。

潜在性の場で働いている力は、自然的な力・因果的な力である。「原因の力は、その力が生み出す結果の内で、さらにその結果の結果の内でも働き続ける」と述べたように、潜在性の場全体が、無限のレイヤー・無数のチャンクを貫いて走る「因果的な力」の作動の場である。しかし、「現に」という「現実性の力」は、そのような自然的な力・因果的な力ではない。「現に」という力自体は、何かが（因果的に）産み出される場に重なって働くことはあっても、それ自体は何も産み出さないし、何かを変化させることもない。「現実性の力」と「因果的な力」が「似ている」としても、それは〈遍在的な波及性〉という点においてのみである。

潜在性の場の「マテリアル」とは、「因果的な力」が作動するための媒質（媒体）である。どのような種類のマテリアルであるか、マテリアルの内にどのような高低差があるかによって、「因果的な力」の現れ方は違ってくる。しかし、「現に」という「現実性の力」は、マテリアルの種類にも、マテリアル内にある高低差にも、いっさい影響を受けることなく働く。「現に」という現実性が透明に働くということは、そこにいかなる特定の媒質（媒体）も働きを持たないという意味でもある。現実性と潜在性のあいだに最後まで残る「ずれ（ギャップ）」とは、自然（physical）の次元と形而上（metaphysical）の次元との間の（これもまた紙一重の）差なのである。

第一節と第二節の考察は「現実と実在」の重なりとずれを、第三節の考察は「現実と潜在」の重なりとずれを、扱った。「実在と潜在」については、焦点化して考察はしていないが、実質的には「現実」を介して比較考察されていることになる。「実在と潜在」にも重なりとずれを見て取ることは、それほど難しくはないだろう。

〈追記〉本稿は、二〇二〇年十二月二十三日（水）一八：〇〇〜二〇：三〇に行われた、中央大学人文科学研究所・研究会チーム「リアリティの哲学」主催の講演、入不二基義「現実と実在と潜在と」に基づいて、内容の追加や議論の精密化を施すことによって、書き下ろされた。なお、当日の講演録画は、以下のURLからアクセスして視聴することができる。〈https://youtu.be/vJHxkC4YT4I〉

（1）検証主義VS懐疑論については、拙論「懐疑論・検証主義・独我論から独現論へ」、『現代思想』二〇二一年一二月号（特集＝大森荘蔵）、八九―一〇四頁を参照。

（2）傾向性（disposition）については、本稿第三節「潜在と現実——その重なりとずれ」も参照。

（3）モルナーは、「方向づけ（directedness）」を、物の傾向性（disposition）と心の志向性（intentionality）を統一的に考えるための概念として使用している。本稿もモルナーの考え方に倣っている。Molnar, G. *Powers : A Study in Metaphysics*, edited by S. Mumford, Oxford University Press, 2003.

（4）近藤和敬『ドゥルーズとガタリの『哲学とは何か』を精読する〈内在〉の哲学試論』（講談社選書メチエ、二〇二〇年）。特に、「第二部　科学、芸術、哲学そして脳」の第二章「擬製的創造あるいは創造の逆イデア論的定式」を参照。また、入不二基義・上野修・近藤和敬による鼎談「哲学とは何か、そして現実性とは」（『現代思想』49－1、青土社、二〇二〇年、一九七―二一〇頁）も参照。なお、「擬製的創造」という概念を、拙論の文脈に埋め込んで利用しているので、近藤の元々の意図された使い方からは、逸れている部分を含んでいる。たとえば、私は「擬製的創造」を（両方向の循環のうちの）一方向を強調する考え方の例として使用している。しかし近藤自身の文脈では、むしろ往還性（両方向性）を述べるための一方向という点が強調されるかもしれない。また、私が第三の否定として付加した「忘却」は、近藤自身においても同様の問題が、すでに「オイディプス化」として論じられているとも言える。

（5）エッシャーの絵には、階段を昇降する人々だけでなく、そっぽを向いて別の階段に座り込んでいる人も描かれている。あるいはまた、螺旋的な力が、絵としては見えない仕方で働いていて、昇降する階段の循環を作り出している。この無関係の人や見えない螺旋的な力は、本稿における「現実性という力」の形象として相応しい。

（6）因果と潜在性（傾向性）に関する基本的な考え方を、私は以下のマンフォード、アンジャムの著作から学んでいる。Mumford, S. *Dispositions*, Oxford University Press, 1998. Mumford, S, and Anjum, R.L. *Getting Causes from Powers*, Oxford University Press, 2011. R.L. Anjum and Stephen Mumford, *What tends to be The Philosophy of Dispositional Modality*, Routledge, 2018.

（7）前掲註（6）の著作を参照。

（8）モノの性質についての「傾向性の傾向性の傾向性……」だけではなく、ヒトの行為についての「能力の基盤となる能力の基盤……」もまた、潜在性の深まりの一例になり得る。

破壊の形而上学へ

飯盛元章

はじめに――実在と破壊

「リアリティ」には、「現実」という意味がある。つまりそれは、「虚構」ではないということ、非虚構性を意味する。だが、この非虚構的な現実に対して、またべつの意味におけるリアリティが襲いかかる。「実在」としてのリアリティだ。それは、「じつは（really）これが本当のこと（reality）であった」という仕方で、現実を後から転覆しにやってくるものである。不意に到来する実在の一撃によって、現実は土台から揺さぶられるのだ。たとえば、最新鋭の宇宙望遠鏡によって、太陽系外惑星に知的生命体の痕跡がつぎつぎと発見されていったとしよう。そうした実在の発見は、わたしたちの現実世界を大きく揺さぶるだろう。わたしたちは、知的生命体が宇宙のなかでそれほど珍しい存在ではないということがはっきりとした、新たな現実世界へと投げ込まれることになる。実在としてのリアリティには、このような転覆ないし破壊の力が備わっている。実在は、既存の現実世界（わたしたちにとっての世界）をその外部から破壊しにやってくる。

本稿は、こうした破壊の力を最大限に高めることを目指す。しかしながら、この試みにとって、前段落で確認した「実在に備わる破壊力」も、あくまでひとつの出発点にすぎない。前述のとおり、実在は現実世界を揺さぶり、わたしたちを新たな世界へと投げ入れる。ここには、たしかに破壊が関与している。だが、その破壊はあくまでも認識論的な破壊にすぎない。つまり、わたしたちがこれまで信じてきた現実世界のあり様が破壊され、わたしたちの認識が一変したにすぎないのだ。このとき、実在する世界の同一性そのものは、無傷のまま維持されていると言える。これに対して、実在そのものの同一性さえも引き裂くような破壊の方が、より強力なものだと言えるだろう。たとえば、とつぜんつぎの瞬間に、魔法が存在する世界になる、といった事態だ。これは、魔法が発見されるということではない。その場合、実在世界の同一性は無傷のままになってしまう。わたしたちがいままで知らなかっただけで、世界は昔からなにひとつ変わることなく魔法的世界であった、ということになってしまうからだ。そうではなく、魔法が存在しない世界から、魔法が存在する世界へと一変するのである。ここには、実在そのものの同一性を引き裂く存在論的な破壊が働いている。こうして、破壊は同一的な実在に備わる力から、実在そのものの同一性を引き裂く力へとレベルアップする。

本稿は、破壊の力の高まりを追いかけ、それを一般的な力として描きだすことを試みる。この試みを「破壊の形而上学」と呼ぶことにしよう(1)。破壊の形而上学は、一般破壊論と特殊破壊論というふたつの理論に分けることができる。一般破壊論とは、破壊をめぐる哲学的テクストを参照しながら、それらとの差異化をつうじて、破壊の力の一般的特徴を描きだす試みである。本稿の大部分は、こちらの作業に充てられている（第一節）。これに対して、特殊破壊論とは、一般破壊論によって描かれた破壊の力がじっさいに発動した場合、どのようなことが生じうるのかを思弁する試みである。それは、破壊の特殊な効果について考える試みだと言える。具体的な作業として、形而上学的テクストの「破壊的読解」をおこなうことになる。多くの形而上学的テクストは、なんらかの必然的な構造を提示している。そうした構造の破壊を思弁しつつテクスト読解をおこなう作業が、破壊的読解である。本稿では、入不二基義の論文「現実と実在と潜在と」の読解をおこなう(第二節)。

一　一般破壊論へ

第一節では、一般破壊論を展開する。最大強度の力をもった破壊性を描きだすことが、本節の目的である。まず、本稿において「破壊」という語がそもそもどのような意味でもちいられるのかについて確認する(1.)。つぎに、なぜそうした意味での破壊を追求するのかについて確認する(2.)。これらの準備を踏まえたうえで、いよいよ破壊性の特徴を描きだす作業にとりかかる(3.)。最後に、破壊性の特徴をテーゼとしてまとめることにしたい(4.)。

1. 破壊の簡易的定義——通時的断絶としての破壊

まず、破壊について簡易的な定義を示しておくことから出発しよう。本稿では、破壊を断絶という概念から理解することにしたい。

断絶とは、連続性が断ち切られることである。断絶の境界線のこちら側とあちら側では、連続的なつながりが途切れている。その途切れがきわめて強いものであるならば、断絶の境界線の彼方はまったくの未知で、他なるものとなる。それは無関係の闇だ。

こうした断絶にはふたつのタイプがある。共時的断絶と通時的断絶である。共時的断絶とは、共時的な項どうしのあいだに走る断絶である。共時的な項どうしの断絶が強いほど、それらの項の独立性は増す。強度の高い共時的断絶は、他の項（あるいは他人）を、交通の途切れたべつの宇宙へと変えることになる。共時的断絶は、自由の問題と結びついていると言える。

他方で、通時的断絶とは、ある項の通時的な同一性に走る断絶である。ある項の同一性を引き裂く断絶が強いほど、その項はその瞬間からまったく別様のものへと変貌する。強度の高い通時的断絶は、この宇宙そのものの同一的なあり方を根底から破壊し、まったく異なる新たな宇宙を到来させることになる。通時的断絶は、新しさの問題と結びついていると言える。

本稿では、通時的断絶を「破壊」と呼ぶことにする。破壊とは、あるものの同一性があるときとつぜん引き裂かれ、これまでとはまったくべつのものにガラリと変貌することである。本稿では、こうした事態を表現するものとして、一般的で広い意味において破壊の語をもちいている。以下の三点において、日常的にもちいられる破壊の語とは意味が異なるので注意が必要である。

一点目は、日常語としての破壊が、主体によって対象にもたらされる作用を意味し、二項関係として理解されているのに対して、本稿における破壊は一項のみで完結するという点である。破壊を、破壊するものと破壊されるものという二項関係を前提にして考える必要はない。本稿では、同一性が引き裂かれるという事態のみに着目し、破壊を一項において生じる出来事として考える。

二点目は、日常語としての破壊が主体の能動性に着目しているのに対して、本稿における破壊は受動的な出来事であるという点だ。この点は、一点目と関連している。主体と対象の二項を前提し、主体の能動的な働きに着目してしまうと、破壊する主体の同一性が破壊を免れるものとして無傷のまま残ることになってしまう。同一性の通時的な断絶を強調するためには、破壊される対象の側に視点を移す必要がある。この一項において受動的（もしくは中動的）に生じる出来事が、本稿における破壊である。

最後に三点目は、日常語としての破壊がエントロピーの増大（秩序の崩壊）をもたらすものとして理解されているのに対して、本稿における破壊は必ずしもそのような事態をもたらさないという点である。本稿における破壊は、あるものの通時的な同一性が引き裂かれるという出来事を表現しているだけであって、その後にどのようなものへと変貌するかについては開かれたままになっている。世界がとつぜん廃墟の集合体となることも破壊であり、圧倒的なユートピアとなることも破壊である。破壊が前者のような悲劇的な事態しかもたらさないかのように思えるのは、この宇宙でこれまでたまたま成立してきたエントロピー増大の法則を前提しているからにすぎない。〈なんらかの付加的なエネルギーが供給されなければ、とつぜんより秩序だったあり方に変化することはない〉というこの宇宙の法則ごと破壊されてしまえば、その後にどのような秩序をもった事物でも出現しうることになる。

さて、以上のように、本稿では日常的な用法から逸脱した意味において、破壊という語をもちいることにする。そもそも、本稿が表現しようと試みる事態（通時的断絶）を完全な仕方で端的にあらわすことができる語は、おそらく存在しない。「破壊」の他にも、たとえば「自己破壊」「崩壊」「変化」といった語をもちいることができるかもしれない。だが、それぞれにデメリットがある。「自己破壊」は、自己が自己を破壊するという意味であり、能動性が強調されてしまう。受動的に到来するものであるというニュアンスが抜け落ちることになる。また、「崩壊」は、崩れて壊れるという意味であって、ある程度の時間幅をかけて連続的に生じる変化をあらわしているように思われる。そうだとすれば、通時的断絶がもつ、同一性があるときとつぜん一気に引き裂かれるというニュアンスが抜け落ちてしまうだろう。「変化」も同様に、引き裂きの勢いにかかわるニュアンスが弱いように思われる。本稿では、先ほどの三つの注意点に対する留意を促したうえで、「破壊」を最善の語としてもちいることにしたい。

2. 破壊を追求する意義――破壊の実存的効果

だが、そもそもなぜ破壊を追求するのか。その意義について述べておくことにしたい。

まず、破壊がない状態を考えてみよう。それは、新しさのない世界である。同一的な連続性がどこまでもつづいていき、新しさが介入することのない世界。おなじことがひたすら繰り返される、安定性しかない世界だ。こうした世界は、わたしたちの生に対して退屈をもたらすだろう。破壊の不在は、退屈をもたらす。

アルフレッド・ノース・ホワイトヘッドは、生の退屈についてつぎのように述べている。「生の退屈とは、新しいコントラストへの衝動が妨げられたことに由来する疲労である」[2]。おなじことの反復によって新しさが生じなくなったとき、わたしたちはそこに退屈を感じる。たとえば、朝起きて仕事に行き、帰宅してYouTubeを観て眠り、朝起きて仕事に行き……というように、おなじことが延々と繰り返される生を考えてみればよい。こうした状態においては新しさの到来の可能性が完全に塞がれてしまい、わたしたちはパターン化された生に窒息してしまうだろう。

この反復的な状態を引き裂く契機が破壊である。たとえば、ふと立ち寄った店で恋に落ちたり、あるいは、とつぜん勤務先が倒産し、まったく新たな仕事に転職することになったりするかもしれない。これらはあくまでも強度の低い破壊ではあるが、それでもわたしたちの生の反復状態を引き裂くには十分である。生の連続性が破壊され、わたしたちはとつぜん新たな世界へと投げ込まれることになる。破壊とは退屈からの解放である。

この〈破壊による退屈からの解放〉という論点をより明確にするため、國分功一郎の『暇と退屈の倫理学』を参照することにしたい。國分は同書において退屈を多角的に論じ、その解消法のひとつの型を提示している。國分が提示する解消法は、退屈の倫理学的解消法だと言える。それに対して、破壊の形而上学が提示するのは、退屈の形而上学的解消法だ。これが、破壊を形而上学的に追求する意義となる。さきに、國分の主張を確認しよう。

國分は、さまざまな哲学者の概念を取り上げ、それに独自の解釈を加えることで自らの主張へと少しずつ進んでいくという論述スタイルを取る。同書の中盤で國分が取り上げるのは、マルティン・ハイデガーによる退屈の三形式だ。ハイデガーは、『形而上学の根本諸概念』で退屈を三つの形式に分類している。それらのうちハイデガー自身は退屈の第三形式を重視するが、國分はむしろ第二形式に着目する。退屈の第二形式とは、「なにかに際して退屈すること」(Das Sichlangweilen bei etwas)であると言われる。(3) ハイデガーは、パーティーに招待されたときのことを例に挙げている。(4) パーティーでは、美味しくて趣味の良い料理が提供されるだろう。さらに、食後はソファーで音楽を聴く。愉快な談笑もなされる。手元が寂しくなれば葉巻も出してくれるだろう。このように、パーティーでは、けっして退屈ではない刺激がつぎつぎと訪れる。だがそれにもかかわらず、全体としてどこか退屈である、というのがこの例だ。ハイデガーの分析にしたがえば、パーティーに際しての退屈は、じつはパーティー全体が気晴らしであるということとかかわっている。気晴らしと退屈が奇妙な仕方で絡み合っているのが、退屈の第二形式である。

ハイデガー自身は、ここからさらに退屈の第三形式の分析へ向かい、それを踏まえて自らの主張を示すことになる。しかし、國分はむしろ第二形式を重視する。國分にしたがえば、退屈と気晴らしが絡み合う、退屈の第二形式を生きることこそが人間の生なのである。(5) 國分は、退屈の第二形式のあり方をよりはっきりとさせるため、ヤーコプ・フォン・ユクスキュルの「環世界」(Umwelt)概念を拡張的に援用している。その結論をあらかじめ述べるならば、こういうことである――退屈は、人間がひとつの環世界にとどまることができず、つぎつぎとべつの環世界へと移動する能力に由来する。どういうことだろうか。ひとつずつ確認しよう。

まず、環世界について。生物は、自身の環境をシグナルの体系へと変換している。この体系が環世界である。

ダニにはダニの、猫には猫の、人間には人間の環世界がある。どのような刺激に対してどのように行動するのかを決定するのが環世界であると言える。國分は、人間が環世界を形成する際に、習慣の働きが重要になるという点を強調する。[6] 新たな環境には、未知のさまざまな刺激があふれている。人間は、それらのうちどれが重要なのかを習慣の働きによって習得していく。さまざまな刺激にあふれた環境は、習慣の働きによって見慣れたものへと単純化され、重要なシグナルの体系に変換されるのだ。人間は、それによって煩雑な処理から解放され、より効率的に行動することが可能になる。

つぎに、環世界の移動という点について確認しよう。國分は、人間が環世界を移動する能力をもっているという点を強調する。環世界は、単純で安定的なシグナルの体系であるが、まさにそれゆえに退屈なものでもある。そのため、人間はひとつの環世界にとどまっていることができずに、すぐにべつの環世界に移っていってしまう。ここで、先ほどの退屈の第二形式がかかわってくる。パーティーの例を環世界概念によって表現すれば、つぎのようになるだろう。[7] まず、わたしは食通の環世界にいる。だがしばらくしてリスナーの環世界に移り、さらには喫煙者の環世界へと移っていく。パーティーにおいてわたしは、ひとつの環世界にとどまって対象を味わうことなく、つぎつぎとべつの環世界へと渡り歩いていくのである。國分自身の言い方ではないが、これは環世界のいわば「ザッピング状態」だ。なににも没頭することなく、新たな気晴らしを求めて環世界をザッピングしつづける状態が、退屈の第二形式なのである。

さて、以上の準備を踏まえて、いよいよ國分による退屈の解消法を確認することにしよう。前段落で確認した退屈を解消するためには、なんらかの対象に〈とりさらわれ〉ること、つまり魅了されることが重要になる。國分はそうした事態を、ジル・ドゥルーズの「不法侵入」(effraction)[8] という概念を援用し、つぎのように表現している。

「しかし人間らしい生が崩れることがある。何らかの衝撃によって己の環世界を破壊された人間が、そこから思考し始める時である。世界を揺るがすニュースでもいい、身近な出来事でもいい、芸術作品でもいい、新しい考えでもいい。環世界に「不法侵入」してきた何らかの対象が、その人間を摑み、放さない。その時、人はその対象によって〈とりさらわれ〉、その対象について思考することしかできなくなる」[9]。

単純化され、見慣れたものによって塗り固められた環世界に、あるときなにかが不法侵入してくる。そのなにかの衝撃によって環世界は破壊される。そして、人はその対象にすっかり〈とりさらわれ〉てしまうのだ。國分は、こうした事態に退屈からの解放を見て取る。それでは、この〈とりさらわれ〉が生じるためには、どうしたら良いのだろうか。國分は、そのためには「楽しむための訓練」が重要であると言う[10]。はっきりとは書かれていないが、おそらく楽しむための訓練とは、細部までよく観察し、自ら考察しながら対象を受け取るということを意味している[11]。環世界のザッピングをするのではなく、ひとつの環世界にとどまり、対象を深く味わい楽しむことが重要になる。いつか〈とりさらわれ〉の対象がやって来るのを、そのような態度で「待ち構える」のである[12]。ひとつの環世界にとどまり、対象を楽しんでいる者に対してのみ、あるときなにかが不法侵入してくるのだ。

少し長くなったが、以上が國分の主張である。國分が考える退屈の解消法は、つぎのように言い換えることができる。「繊細な差異を受け取ることができるように、主体の感度を上げよ」。主体の感度を上げ、繊細な差異に対して敏感になることによって、〈とりさらわれ〉の瞬間を待ち構える、というのが國分の主張である。不法侵入してくるものは、おそらく基本的には繊細な差異として到来するのだと考えられている。環境のうちには、繊細な差異としてのノイズがあふれている。それらによって不法侵入されるためには、主体をチューニングしその感度を高めることが必要になる。これは、感じない主体を治療するという道であり、主体の生き方にかかわるものだ。この意味で國分の主張は、退屈の倫理学的解消法だと言えるだろう。

他方で、破壊の形而上学が提示するのは、退屈の形而上学的解消法である。これは、つぎのように言いあらわすことができる。「巨大な差異をもたらしうる世界そのものについて思弁せよ」。感じさせない世界（の概念）を改変し、破壊的な力をもつ世界そのものについて思弁する、というのが破壊の形而上学が提示する退屈の解消法である。世界そのものが、わたしたちの退屈を一気に吹き飛ばすほどの巨大な差異をもたらしうる。ここでは、主体の感性を磨く必要はない。安定的で退屈なあらゆる環世界（主観的世界）を揺さぶり、すべての主体を〈とりさらわれ〉状態に引き込むほどの破壊的力を、世界そのものがもっているのだ。たとえば、世界そのものがとつぜんまったく別様になり、自然法則の異なる世界になってしまうかもしれない。そのときあらゆる環世界が無効化され、すべての生物たちは未知の新たな環境に投げ出されることになるだろう（もちろん、まだ存在しつづけることができたとすればだが）。

高い強度の破壊は、わたしたちを圧倒的な仕方で退屈から解放しうる。破壊にはこのような実存的効果がある。これが、破壊を形而上学的に追求する意義である。世界そのものがもつ破壊的力について思弁しながら、その発動をワクワクしながら「待ち構える」こと。これが、退屈の形而上学的解消法である。

3．破壊性の素描

より高い強度の破壊へ。一般破壊論がこのように追求する破壊的な力を「破壊性」（destructivity）と呼ぶことにしよう。ここからは、破壊性の特徴を描きだすことを試みる。そのために、さまざまな哲学者たちが提示する、破壊をめぐる概念を検討する。そして、それらの概念との差異化をつうじて、破壊性の特徴へと迫っていくことにしたい。

この作業は、スイングバイのように進展する。スイングバイとは、天体の重力を利用して宇宙船の運動方向や速度を変更する技術である。一般破壊論は、哲学的概念の重力を利用して、目的地である破壊性へ向けて加速する「スイングバイ的読解」にもとづいている[13]。

(1) ホワイトヘッドの「美的破壊」

ホワイトヘッドの「美的破壊」(æsthetic destruction)という概念から考察しよう。この概念は、『観念の冒険』で登場する。これを検討するためには、ホワイトヘッドが主著『過程と実在』で提示したモデルについて、簡単に確認しておく必要がある。

ホワイトヘッドは主著のなかで「有機体の哲学」(philosophy of organism)という形而上学的体系を提示している。この体系にしたがえば、事物は「実体」(substance)として、自己同一的なまま存続しているのではない。あらゆる事物は、一瞬一瞬、生成消滅しているのだ。ホワイトヘッドは、このように生成消滅する今ここ的な存在を「現実的存在」(actual entity)と呼び、それをこの宇宙の究極的単位とみなす。人間の意識的経験や身体の細胞、ピラミッド、電子など、あらゆる事物は、現実的存在の連鎖として存在しているのである。現実的存在は、過去の先行するあらゆる現実的存在を与件として受け取り、それらを統合する過程をとおして自己自身をつくりあげていく。この過程が完結すると、現実的存在は消滅し、過去のものとなる。そして今度は、自分自身が新たな現実的存在にとっての与件となるのである。このように、有機体の哲学は、現実的存在の動的な過程にもとづく宇宙像を描きだす。

『観念の冒険』では、以上のモデルを前提にして、新たに「文明」(civilization)についての考察が展開される。

あらゆる事物の根本構造を示した有機体の哲学にもとづいて、あらためて文明という人間社会の理想について考察がなされることになる。ホワイトヘッドは、文明にとって〈真理〉（Truth）、〈美〉（Beauty）、〈冒険〉（Adventure）、〈芸術〉（Art）、〈平安〉（Peace）という五つの特徴が重要であると言う[14]。これらのうち、ここで検討する美的破壊は〈美〉と〈冒険〉にかかわっている。

まず、〈美〉について確認しよう。〈美〉とは、現実的存在の生成過程における諸要素の「相互適応」（mutual adaptation）である[15]。つまり、さまざまな要素がたがいに適応しあい、調和が達成されている状態が〈美〉だ[16]。さらにホワイトヘッドは、〈美〉の達成度合い、つまり「完全性」（perfection）について語る。〈美〉の完全性は、現実的存在のうちに「抑制」（inhibition）が働くことなく、諸要素それぞれがある種の力強さを発揮できているかどうかにかかわっている[17]。要するに、諸要素が抑制されることなく、たがいに調和した仕方で力を発揮している状態が完全な〈美〉である、と言えるだろう。

ホワイトヘッドは、抑制をふたつのタイプに分ける。一方が「麻痺」（anæsthesia）と呼ばれるものであり、他方がここで検討したい美的破壊である。麻痺とは、調和を乱す要素を完全に抑制し、それを排除している状態のことだ[18]。麻痺は、一部の要素に対する限定的な抑制によって、全体としての〈美〉の完全性を減衰させることなく、それを強引に保持している状態であると言える。それに対して、美的破壊は、完全性の減衰をもたらす。対立し破壊しあうような要素を除外せずに、そのまま受容している状態が美的破壊だ。結果として、対立する要素どうしが固有の力強さをたがいに抑制しあい、全体的な調和が乱されることになる。

ホワイトヘッド自身の言い方ではないが、「ノイズ」の比喩によって整理しなおせばこうなるだろう。麻痺とは、ノイズを除去することによって調和を保持している状態である。他方で、美的破壊は、ノイズをそのまま受容することによってもたらされる破壊的状態だ。一見すると前者のほうが良い状態であるかのように思われるが、ホワイトヘッドはむしろ後者の優位性を主張する。それは、美的破壊が新たな調和、新たな完全性への一歩となるからである。それに対して麻痺は、過去において確立された完全性にとらわれ、それを無理やり保持しつづけている状態だと言える。ホワイトヘッドは、「どんなに完全なものであっても、無限の反復がもたらす退屈には耐えることができないだろう」[19]と述べている。ホワイトヘッドにしたがえば、「生命は生きながらミイラにされることを拒絶するのだ」[20]。それゆえ、退屈な反復状態を抜け出し、新たな調和を目指す〈冒険〉が要求されることになる。[21]美的破壊は、こうした〈冒険〉への第一歩となるのである。

具体例を挙げて考えてみよう。たとえば、ある時期に、ある音楽理論が確立されたとする。すると、その理論が提示する調和を突き崩してしまうような音は、使ってはいけない音として排除されるようになるだろう。ノイズに対する抑圧。麻痺の状態である。だが、そうした調和的な響きを何度も繰り返し聴いていると、次第に正統派の音楽が退屈なものに感じられてくるはずだ。そこで、禁止されていた音を使ってみるという〈冒険〉への一歩が踏み出されることになる。はじめのうちは音どうしが対立しあい、破壊的な不協和音が響くだろう。美的破壊の状態である。しかし、試行錯誤がなされることによって、不協和音が全体の流れのなかで活かされるようになるだろう。そして、ついには新しい調和が獲得されるにいたるのだ。

以上、ホワイトヘッドの美的破壊について確認してきた。美的破壊とは、ノイズを積極的に取り込むことによって生じる破壊的状態であり、それまで支配的であった退屈な秩序や調和を突き崩すような事態であると言える。それは、通時的な断絶としての破壊を表現したものであり、この点は肯定的に評価することができる。しかし、破壊の強度の高まりを追求する一般破壊論の観点からすれば、おもにつぎのふたつの点で不十分だと言える。

まずひとつ目は、美的破壊には受動性が欠けている、という点である。ホワイトヘッドにしたがえば、ノイズを積極的に受容した状態が美的破壊である。つまり、この破壊的状態は、「受容する」という主体的な働きの結果としてもたらされるのだ。この場合、ある種の主体性のようなものが、破壊とは無縁のものとして無傷のまま温存されることになってしまう。むしろ、破壊を受動的な事態としてとらえたほうが、その強度を高めることにつながるだろう。生成過程はノイズを主体的に受容するのではなく、それにただ晒されるのである。不意に到来するノイズによって、否応なく突き崩されてしまう。このような破壊のほうが、強度がより高いものとなる。

　不十分な点のふたつ目は、美的破壊それ自体が価値をもっているのではない、という点である。破壊はそれ自体において悪である、とホワイトヘッドは述べている[22]。美的破壊は、過去の調和にしがみつく保守的状態から抜けだし、新たな調和を生みだすための第一歩となる、という点においてのみ重視されているにすぎない。つまり、ホワイトヘッドにとって重要なのは、新たな調和のほうなのである。破壊は、新たな調和を創造するための媒介的なワンステップとしての価値しかもっていないのだ。しかし、新たな調和とは、新たな退屈の出発点であるとも言える。わたしたちが価値を見いだすべきなのは、退屈を引き裂く一撃としての破壊的な力のほうだ。一般破壊論は、退屈な調和がノイズの侵入によってとつじょ突き崩される、その瞬間の破壊性そのものを重視する。

(2)　マラブーの「破壊的可塑性」

　カトリーヌ・マラブーの「破壊的可塑性」（plasticité destructrice）の考察に移ろう。ホワイトヘッドの場合、破壊は主体的にそこへと踏みだすものであった。これに対して、マラブーにおいて破壊は、不意に主体に訪れる破局として描かれる。

　マラブーは、最初の著作である『ヘーゲルの未来』のなかで「可塑性」（plasticité）という概念を提示し、この概念をつうじてヘーゲル哲学の読解を試みている。[23] 可塑性は、マラブーのキャリアの初期から鍵概念となっているものだ。

この可塑性がもつ破壊的側面を新たに強調した概念が、「破壊的可塑性」である。マラブーは、この概念が導入される『新たなる傷つきし者』のなかで、「可塑性」という語がもつ三つの意味に言及している。

「可塑性がまず意味するのは、粘土のような、形を受け取ることのできる物質のもつ能力である。つぎに意味するのは、最初の意味とは逆に、形をあたえる能力であり、彫刻家や整形外科医などが備えている能力である。そして、最後に三つ目として、「プラスチック爆弾」(plastic) や「プラスチック爆弾による攻撃」(plastiquage) という語が示すように、あらゆる形の爆燃ないし爆発の可能性にも差し向ける」。[24]

形を受け取る力、あたえる力、爆発させる力。可塑性がもつこれら三つの意味のうち、マラブーはこれまでおもに前二者による創造的な側面について語ってきたのだと述べる。[25] しかし、同書では、三つ目の破壊的側面のほうへと一気に振り切られ、破壊的可塑性の哲学が展開されることになる。主体は、「プラスチック爆弾」が爆発するようにして同一性が引き裂かれ、まったくべつの形へと変容してしまうのだ。

同書で具体的に検討されているのは、脳損傷の事例である。わたしたちは、脳損傷という偶発的な出来事によって、まったくべつの人格に変貌してしまう。その際、主体は変化するというよりも、むしろまったくべつのだれかに変身してしまうのだ。[26] そこには、破壊的な変貌がある。

たとえば、脳疾患のひとつであるアルツハイマー病の場合、患者はそれまでの人格とはまったく異なる新たな人物へと変貌する。とりわけ、周囲の事柄に対して無関心になってしまう。またマラブーは、フィネアス・ゲージの症例を参照する。[27] ゲージは、一九世紀のアメリカで鉄道施設工事の現場監督を担っていた人物である。彼は職務中の事故により、鉄棒が頭蓋骨を突き抜け、脳の前頭葉に損傷を負ってしまう。一命は取り留めるが、それ以前の人格とはまったく異なる人物へと変貌する。苛立ち気味で、落ち着きがなく、物事に無関心な人物に変身してしまうのである。このような脳損傷をもたらす偶発的な出来事は、意味づけや解釈によって回収不可能なものであり、その一撃によって主体の同一性は決定的に引き裂かれることになる。マラブーは、フロイトによる精神分析の理論ではこうした破壊的可塑性にもとづく事態をとらえることができないのだと主張する。

破壊的可塑性は、『偶発事の存在論』において、さらに発展的に考察されることになる。同書では、精神分析や神経病理学の領域を越えて、さまざまな文学作品の例にもとづいて、破壊的可塑性のより広範な考察が展開されていく。マラブーが破壊的可塑性についてあらためて説明したつぎの一節に着目することにしよう。

「時間をかけて作り上げられてきた雪だるま、ごろごろと転がっていくうちに大きくなり、膨れあがり、完成されていく雪の塊を、不意に突き崩してしまうような変容が起こることがある。傷を負ったことから、あるいはなんでもないようなことから、それ以前の姿からは切り離されたかのように、見知らぬ人が現れる。その人の姿は、うまく解消されなかった幼年期の葛藤から生まれたのでも、無意識へと抑圧されたものの影響で生じたのでも、亡霊の突然の回帰によってもたらされたのでもない。テロリストの襲撃（attentat）のような変化が存在するのだ」[28]。

坂道を転がる雪塊のように連続的に展開する主体の実存が、とつじょ突き崩される。それは、テロリストの襲撃のように不意に訪れる。主体の連続性は、偶発事によって決定的に引き裂かれ、まったく他なるものへと変身する。これが破壊的可塑性にもとづく事態である。同書では、通常は連続的な変化だと思われがちな「老い」のうちにもこうした変身が見て取られる。

以上、マラブーの破壊的可塑性について確認してきた。一般破壊論の観点にとって重要な点は、第一に、破壊的可塑性における強度の高さである。主体は、同一性が強力に引き裂かれ、まったく他なるものへと変貌する。第二に、主体がまったくの受動的状態にある、という点もまた重要である。ホワイトヘッドの美的破壊においては、ノイズを受容する主体的な働きが重視された。それに対して、破壊的可塑性の場合、主体は、不意に侵入してくる偶発的なノイズによってただ突き崩されるがままとなる。いかなるものも残存させることなく、主体はまるごと破壊的出来事に巻き込まれるのだ。

このように破壊的可塑性には一般破壊論の観点から肯定的に評価できる点がある一方で、不十分な点もある。ひとつ目は、破壊的可塑性が人間主体の同一性を破壊するものにすぎない、という点である。マラブーが展開するのは実存的な議論であって、そこには形而上学的な要素が欠けている。これに対して、一般破壊論は形而上学であり、世界そのものにもたらされる巨大な差異についても語る。一般破壊論が追求するのは、破壊的可塑性の脱人間化・一般化された理論だ。破壊性は、人間主体の破壊的可塑性でもあり、事物や世界の破壊的可塑性でもある。

不十分な点のふたつ目は、破壊的可塑性のうちに残存する同一性である。可塑性のうちには、ふたつのタイプの同一性がかかわっている。ひとつは、可塑性を担う物質の根底的な同一性である。それは、形を受け入れる柔軟な「粘土」の同一性だ。この粘土の同一性が根底にあることによって、その表面に破壊的な形が成立しうる。破壊的可塑性が表現する爆発的な変身の根底には、粘土の同一性が破壊とは無縁のまま残存しているのである。破壊の強度をより高めるためには、この粘土そのものを爆発させる必要がある。そうなれば、破壊的可塑性は、可塑性を成立させる粘土を失い、純粋な破壊性へと変貌することになるだろう。

可塑性にかかわるもうひとつの同一性とは、粘土の変形によって生みだされる新たな形の同一性である。マラブーの議論の主題は、破壊をつうじて生みだされた新たな形ないし同一性を生き延びることにあるのだと言える。これに対して一般破壊論は、むしろ破壊そのものを追求する。それは、破壊によって生みだされた新たな形にもまったくおなじように浸透する、さらなる破壊の可能性を強調する。たとえば、まったく他なる人格へと変貌してしまったアルツハイマー病患者が、さらなる破壊的出来事によってとつじょ病が完治し、さらには脳が若返って、またべつの人格に変貌するかもしれない。この場合の破壊的出来事には、通常の物理的な因果法則を突き崩すような、世界そのものの破壊的可塑性も関与することになるだろう。

(3) デュピュイの「破壊的進化」

ジャン＝ピエール・デュピュイの「破壊的進化」(évolution destructrice) の考察に移ろう。マラブーが個人に到来する破局について語っていたのに対して、デュピュイが問題にするのは世界に到来する破局だ。「破壊的進化」という概念は、『賢明な破局論にむけて』のなかで登場する。デュピュイは、「日本語版への序文」で同書の目的をつぎのように述べている。

「本書は、人類の生存さえ脅かしかねない巨大な破局についての考察である。二〇〇一年九月一一日のテロ攻撃の直後に書かれた本書は、道徳的な破局（アウシュヴィッツ、広島・長崎、核戦争の可能性）、自然災害（津波、サイクロン、地震）や産業・技術的破局（チェルノブイリ、最先端テクノロジー）のみならず、気候変動という自然的、道徳的、技術的な要素が複合的に絡み合う脅威をも扱う。〔……〕人類の消滅という大いなる破局を回避したいのであれば、形而上学上の革命が必要なのだ」[29]。

同書が主題とするのは、自然やテクノロジーなどによってもたらされる「巨大な破局」だ。デュピュイは、こうした破局にリスク管理の手法で対応することはできないと主張する。まずは、破局特有の時間性を形而上学的に考察することが重要になるのだと言う。

そこでデュピュイが着目するのは、ベルクソンの発想である。ベルクソンは『思考と動くもの』に収録されたエッセイ「可能的なものと現実的なもの」のなかで、「〔……〕芸術家は自らの作品をつくる際に、可能態と現実態を同時に創造する」[30]と述べている。ベルクソンにしたがえば、独創的な芸術家が新しい作品を生みだすときには、可能態と現実態が同時に創造されることになるのだ。どういうことだろうか。

もしもある芸術家によってつくりだされる作品が本当に新しいものであるならば、それは、この世界にじっさいにもたらされるまで、だれの念頭にもなかったようなものでなければならない。つまり、その作品は、つくりだされる以前の世界においては、いっさいの可能性を欠いたいわば不可能なものだったのである。そこに芸術家による創造の一撃があたえられる。そして、とつじょ作品がこの世界へと生み落とされる。まさにこの瞬間に、遡及的に「その作品は可能だった」ということになるのだ。これが、可能態と現実態が同時に創造されるということの意味である。

デュピュイは、芸術作品の創造におけるこの時間的構造を、破局の到来にも拡張する。

「この〔ベルクソンの〕考察を、破壊活動にまで敷衍できるのかどうかはなおもためらわれる。しかしながら、九・一一の映像をまえにして、いったいだれが高揚感と恐怖の入り混じった、バークとカントがいう意味での崇高にも似た感情を抱かないでいられただろうか。おそらくテロリストたちもまた、その種の感情を抱いたにちがいない。彼らが可能態と現実態を同時に創造したと言うこともできるだろう[31]」。

破局的事態は、崇高という美的感情をもたらす。この点において、それは芸術作品と共通していると言えるだろう。デュピュイは、破局においても芸術制作と同様に、可能態と現実態が同時に創造されるのだと考える。たとえば、二〇〇一年九月一一日に起こったアメリカ同時多発テロのような破局的な出来事は、それが起こるまで、だれもそのようなことが起こりうるとは思ってもいなかった。テロリストが飛行機をハイジャックし、高層ビルに激突するなんてことを、いったいだれが予見できただろうか。それはありえないこと、不可能なことだったのだ。このテロ事件は、それが現実に起こったときにはじめて、遡及的に可能だったということになったのである。

デュピュイは、このように芸術制作にかんするベルクソンの見解を援用して、破局の時間性を描きだす。そして、この時間性の構造を、ベルクソンの「創造的進化」に対して「破壊的進化」と呼ぶ[32]。デュピュイが同書で展開するのは、破壊的進化という破局に特有の時間性を踏まえた、破局回避のための方策である。不可能なこと、起こりえないことが、その可能態とともに現実化するのが破局だ。まさにそれゆえに、起こりそうなことのみを考慮するリスク論によっては、破局を回避することはできないのである。

以上、デュピュイの破壊的進化について確認してきた。一般破壊論の観点にとって重要な点は、第一に、破壊的進化における破壊の強度の高さである。けっして起こりえない不可能な破局的破壊が、それでもあるときとつぜんやって来る。デュピュイが語る破局は、未来方向の視線に対して通時的な断絶をもたらすのだと言える。可能的なもの、想定内の出来事が投影されることによって未来方向へと連続的に伸び広がっているわたしたちの時間的線を、破局の一撃がとつじょ引き裂きにやって来る。想定外のありえない出来事があるときとつぜん到来し、わたしたちに強い衝撃をあたえるのだ。とはいえ、こうした破局の一撃による引き裂きは、すぐさま縫い合わされることになる、とデュピュイは考えている。ひとたび破局が生じると、遡及的に「それは可能だった」ということになり、通時的な裂け目はふさがれることになる。過去を振り返ると、じつはどこにも引き裂きなどなかった、ということになるのだ。どんなに衝撃的な破局も、ひとたび現実化するとありきたりなものになってしまうのである。(33)

第二に重要なのは、世界そのものの破局的変化が語られているという点だ。マラブーのように、個人に到来する破局をめぐって実存的な議論が展開されているのではない。デュピュイは、世界そのものに到来する「巨大な破局」について語っているのである。

他方で、デュピュイの議論には、一般破壊論の観点から不十分な点も含まれている。それは、破局の回避が主題になっている、という点である。一般破壊論は、危機管理のための理論ではない。むしろそれは、破壊の力そのものを解き放つことを目指している。デュピュイが破局の回避を探求するのは、そもそも破壊的出来事を望ましくない内容のものに限定しているからである。だが、デュピュイが考えるように、けっして起こりえない不可能なものとして破壊的出来事が到来するのだとすれば、わたしたちがその内容を到来以前にあらかじめ決定することはできないはずだ。いまは不可能なあらゆることが、それでもとつじょ生じるかもしれないのである。そうだとすれば、その内容を、望ましくないものにあらかじめ限定することはできない。破壊性は、望ましいことも望ましくないことも区別なく等しく引き起こしうる。破壊性とは、創造的進化と破壊的進化が区別なく絡まりあった巨大な力である。それが発動することにより、たとえばメガ津波が発生して、都市が押し流されてしまうかもしれない。だが、そこでさらに破壊性が発動して、荒野がとつぜんユートピアに変貌し、死者が復活するかもしれない。破壊性は、ありうる世界を突き崩して、なんであれこれまでは不可能であったことをとつじょ到来させうる。

(4) メイヤスーの「あらゆるものを破壊しうる時間」

スイングバイ的読解の最後として、カンタン・メイヤスーの「あらゆるものを破壊しうる時間」(time that can destroy everything) の考察に移ろう。本稿は、ここまでいくつかの哲学的概念に対してスイングバイ的読解をおこなってきた。哲学的概念とはひとつの天体であり、重力の塊である。その重力にいったんは引き込まれつつ、その力を利用して目的地へと飛び去ること。それがスイングバイ的読解だ。メイヤスーが提示する概念は、破壊性という一般破壊論が目指す「星」のごく近隣にある。両者はいわばおなじ「銀河」に属している。破壊性は、メイヤスーの概念から多くを負っているのである。

〈あらゆるものを破壊しうる時間〉というメイヤスーの概念は、フロリアン・ヘッカーとの対談のなかでもちいられている[34]。この対談は、メイヤスーの主著『有限性の後で——偶然性の必然性についての試論』のなかで提示された「ハイパーカオス」(hyper-Chaos) の概念をめぐってなされたものである。〈あらゆるものを破壊しうる時間〉もハイパーカオスもおなじ事態を表現したものであり、『有限性の後で』の最重要概念である「偶然性」(contingence) とかかわっている。まずは、同書におけるメイヤスーの議論を確認しよう。

『有限性の後で』は、巨大な哲学的プログラムを展開した著作である。メイヤスーの見立てにしたがえば、カント以降の近現代哲学の中心には「相関」(corrélation) という概念がある[35]。思考と存在はつねにすでに相関していて、思考されていない存在をとらえることはけっしてできない。メイヤスーはこうした考え方を「相関主義」(corrélationisme) と呼び、多くの近現代哲学がこの立場に立つのだと指摘する。同書のプログラムは、この相関主義を乗り越えることを目指したものだ。

とはいえ、相関主義の論証にはある種の力強さがあり、それは容易に乗り越えられるものではない。メイヤスーは、この力強さの源となっている論証構造を「相関的循環」(cercle corrélationnel) と呼ぶ[36]。もし仮に、思考との相関から外れた存在そのものをとらえたとしても、その瞬間に、存在は「思考されたもの」へと変質してしまい、思考との相関に巻き込まれてしまうはずだ。このような循環構造が相関的循環と呼ばれる。相関主義はこの循環構造を背景にして現代哲学のなかで強い影響力を保持し、わたしたちを思考と存在の相関から成る「透明な檻」(cage transparente) に閉じ込めてしまう[37]。メイヤスーのプログラムは、この檻から脱出し、「大いなる外部」(Grand Dehors)[38] へ向かうことを目指したものである。

思考と存在の相関を越えて、即自的な存在そのものへ。この突破口となるのが、偶然性ないし「事実性」(factualité) である。メイヤスーは、相関主義者自身の原理である事実性を絶対化し、それを存在そのものの特性とみなす、という戦略をとる。そもそも相関主義者にとって、事実性は思考が有する限界を意味している。つまり、思考は、わたしたちにあたえられたものが現にこのようになっているということをただ事実として受け止めることができるのみであって、それに対して必然的な理由を提示することができない、ということだ。相関主義者にとって、事実性とは思考のこうした「できなさ」、有限性を意味しているのである。ところがメイヤスーは、この事実性こそがじつは存在そのものの特性なのだと主張する。「事実性を、あらゆる事物ないし世界全体の実在的な特性にしなければならない。そして、あらゆる事物も世界全体も理由なしに存在し、まさにこの資格において、じっさいに理由なしに別様になりうる、とみなさなければならない[39]」。メイヤスーは、このように事実性を存在そのものの特性とみなし、必然的な理由を欠いた偶然性こそが思考から独立した存在そのものの姿なのだと主張する。偶然性こそが、大いなる外部への通路なのである。

しかし、なぜこのような主張が可能なのだろうか。メイヤスーは、いかなる論拠をもって、事実性を〈思考が有する限界〉から〈存在そのものの特性〉へと読み替えたのだろうか。この点はひじょうに重要な論点だが、紙幅の都合上、ここでその論証を詳細にたどることはできない。だがごく簡単に述べれば、相関主義は主観的観念論に反駁する際に事実性を絶対化しなければならない、ということが論証のポイントとなる。メイヤスーは、相関主義と主観的観念論の差異に着目する。主観的観念論は、思考との相関こそが絶対的なものであり、それを越えた即自的なものは存在しない、ときっぱりと主張する。これに対して、謙虚な不可知論的立場である相関主義は、そのようには考えない。相関を越えた即自は、「ある」とも「ない」とも言えないのである。相関主義は、主観的観念論と異なり、思考の形式的構造の事実性を根拠に、それを越えた他なるものの可能性を開かれたままにしようとする。[40] ここでメイヤスーは、相関主義の主張が成立するためには、事実性は思考と相関的であってはならない、と論じる。もしそうであれば、相関主義は主観的観念論とおなじ立場になってしまうだろう。[41]〈わたしたちにとって〉と異なる即自の存在を可能にさせる事実性は、思考と相関的であってはならない。これが、メイヤスーの主張である。こうして、事実性は思考から独立した存在そのものの特性とされることになる。

本稿の試みにとって重要なのは、こうした論証よりも、メイヤスーの偶然性概念がもつ特徴のほうである。それは、哲学史上もっともラディカルな偶然性だと言っても良いほどのものだ。メイヤスーの偶然性概念は、いま現に存在するものが偶然的である、ということだけを意味しているのではない。世界は偶然的に存在し、必然的な根拠を欠いている、という主張であれば、すでにさまざまな哲学者がしているだろう。メイヤスーはここに、さらにラディカルな主張を付け足している。あらゆるものは理由なく存在する――そしてそれゆえに、理由なく別様になりうる。[42] メイヤスーの偶然性概念は、このように〈存在の偶然性+偶然的な生成可能性〉という特徴をもっている。[43]〈あらゆるものを破壊しうる時間〉という概念は、こうした偶然性の特徴をあらわしたものだ。あらゆるものは理由なく存在し、それゆえにとつじょ理由なく別様になってしまうかもしれない。メイヤスーにとって偶然性とは、現に存在するあらゆるものに破壊をもたらし、それをまったく別のあり方に変貌させうるような時間性なのである。

以上の特徴について、可能世界論における偶然性と比較しながら確認しよう。可能世界論では、たとえば自然法則が偶然的であるということを、この現実世界と異なる世界をもちだすことで表現する。現実世界のサイドに、別様な自然法則が成立する無数の可能世界が並存していると考えるのである。現実世界を含めたそれぞれの世界は、その世界の固有の法則にしたがって、破壊的な生成変化とは無縁のまま存在しつづける。つまり、この現実世界とは別様な世界が存在しているだけで、現実世界そのものが別様になることはないのである。それは永遠に無傷のままだ。他方で、メイヤスーにしたがえば、この現実世界が偶然的であるということは、この世界そのものがあるとき破壊され別様になりうるということを意味している。この世界そのものが、あるときとつじょ他なる世界、異世界になってしまうかもしれないのだ。これはつまり、共時的に無傷のまま並べられた可能世界を、この現実世界の未来方向に通時的に並べなおしたモデルだと言える。現実世界はあるときとつぜんまったく新たな異世界Aとなり、さらにそれがいかなる理由もなく新たな異世界Bとなるかもしれない。

さて、ここまで確認してきたとおり、メイヤスーの偶然性には、根本的特徴として破壊可能性が含まれている。一般破壊論の観点から見て、ここにはふたつの重要な点がある。第一に、その破壊の強さである。偶然性はいかなるものでも破壊し、いかなるものでも理由なく生じさせうるのだとされる。それは「デカルトの神に匹敵する全能性」[44]とも呼ばれる。デカルトの神は、メイヤスーが着目するように、矛盾律という論理法則でさえも別様にする力をもつ[45]。わたしたちには思考不可能なことでさえも引き起こすことが可能な、デカルトの神の全能性。そのような全能の力がこの世界の隅々に浸透しているというのが、メイヤスーの偶然性概念から導かれるあり方である。力の発動を管理する主体としての神が不在のまま、その全能の力だけがあらゆるもののうちに行き渡っている。この破壊の力は、いかなる理由もなしに、あらゆることを引き起こしうるという点で、ひじょうに強力なものだと言える。

第二に重要な点は、破壊の射程の**広さ**である。破壊の力は、あらゆるものに及びうる。あらゆるものが必然的な理由を欠いていて、いつでも理由なしにまったく別様になりうるのである。メイヤスーは、個々の事物だけでなく、世界そのもの、さらには自然法則や論理法則でさえも別様になりうるのだと考えている(46)。ここで注目したいのは、これらに加えて、形而上学的な構造も破壊の射程に含まれているという点である(47)。メイヤスーは自らの立場と「生成の形而上学」とのちがいを強調する。生成の形而上学は事物の生成変化を強調するが、そのさいに、生成にかんするなんらかの構造をそれ自体は変化しえない必然的なものとして措定することになる。他方で、〈あらゆるものを破壊しうる時間〉は、こうした形而上学的構造でさえも破壊しうる。「このハイパーカオス的時間は、生成さえも創造したり破壊したりすることができる。永続ないし運動、反復ないし創造を、理由なしに生じさせうるのだ」(48)。このように、事物、世界、法則、原理、構造など、いかなるものであっても破壊可能性を免れることがなく、その射程に含みこまれることになる。

以上、一般破壊論の観点から肯定的に評価できる点を確認してきた。メイヤスーは、たしかにこうしたラディカルな特徴をもつ破壊的偶然性を導きだす。しかし、その直後に、破壊の力を制限する方向へと向かっていく。この方向性は、「カオスの全能性の自己正常化」(autonormalisation de la toute-puissance du Chaos)(49)と呼ばれる。メイヤスーは、そのような議論を経ることによって、科学の営みを支えうる安定的な即自の存在を導き出そうと試みている。しかし、メイヤスーとは対照的に、一般破壊論が目指すのは、あくまでも破壊の力そのものをどこまでも高めていくという方向性である。それは、いわばカオスの「非-自己正常化」だ。カオスの力がいかなる制限も被ることなしに、このうえなく異常な破壊をもたらす可能性を追求すること。それが一般破壊論である。本稿は、メイヤスーが描きだす〈あらゆるものを破壊しうる時間〉の純粋な破壊力のみを継承することにしたい。

4．一般破壊論の基本テーゼとさらなる問題

ここまで、ホワイトヘッドの「美的破壊」、マラブーの「破壊的可塑性」、デュピュイの「破壊的進化」、メイヤスーの「あらゆるものを破壊しうる時間」を考察することによって、一般破壊論が目指す破壊性の特徴をあぶりだすことを試みてきた。ここまでの展開を踏まえて、一般破壊論の基本的主張を簡易的・暫定的なテーゼの形式でまとめておこう。


【テーゼ1】破壊とは、通時的な連続性を引き裂く断絶である（破壊は、現在と断絶した他なる未来をもたらす）。

【テーゼ2】破壊とは、それ自体において到来する受動的な出来事である。

【テーゼ3】破壊とは、あらゆる存在に到来しうるものである（世界内の人間主体や事物、世界そのもの、自然法則、論理法則、形而上学的構造など、あらゆる存在に破壊が到来しうる）。

【テーゼ4】最大強度の破壊とは、いかなる理由もなしに不意に到来し、まったく想像不可能な未来をもたらすものである。


第一節の最後に、一般破壊論に残されたさらなる問題を示しておくことにしよう。それは、破壊性そのものは破壊可能か、というものだ。あらゆるものに浸透する破壊の可能性が破壊性だが、この破壊性そのものは破壊可能なのだろうか。これは、破壊性が自己自身を破壊してしまうような出来事の存立をめぐる問題だと言える。

この問題に対しては、さまざまな仕方で応答することが可能だろう。応答の仕方は、肯定的に答えるか、否定的に答えるかで、大きくふたつに分けられる。だが、ここではさしあたり、破壊性の破壊という出来事はさまざまな仕方で生じうる、と肯定的に答えておくことにしよう。そもそも破壊性が成立するためには、なんらかの時間性が存在し、そうした時間が「流れる」という構造が成立している必要がある。また、この時間性にもとづいて、「前」と「後」というあり方が成立していなければならない。こうした要素のどれかが破壊されてしまえば、破壊性そのものが破壊されることになるはずだ。

だがそうなったとしても、破壊性が破壊された状態そのものがなんらかの仕方でさらに「破壊」され、とつじょ破壊性がふたたび成立する世界になってしまう、という可能性もある。破壊性が破壊された世界から、そうした世界そのものの「破壊」をつうじて、破壊性がわたしたちにはもはや思考不可能な力として復活する世界になるかもしれない。

以上のような、破壊性の自己破壊をめぐる一連の問題を扱う理論を、「メタ破壊論」と呼ぶことにしよう。メタ破壊論は、一般破壊論におけるもっとも問題含みの一分野である。そのさらなる考察は、他所に譲ることにしたい。

二　特殊破壊論へ

1．一般破壊論から特殊破壊論へ

第一節では、破壊性の一般的特徴を描きだすという一般破壊論の試みを展開してきた。第二節では、特殊破壊論の試みを手短に展開することにしたい。破壊性の力がじっさいに発動した場合、どのような事態がもたらされるのか。破壊性の特殊な効果について思弁する試みが特殊破壊論である。

特殊破壊論を展開するひとつの方法として、「破壊的読解」を挙げることができる。多くの形而上学的なテクストは、この世界の根底にある、別様ではありえない普遍的構造を提示する。そうした構造そのものが破壊され、別様になることは可能か。そして、じっさいにそれが破壊された場合、どのような世界が到来することになるのか。形而上学的テクストの読解をおこないながら、こうした点を考察する試みが破壊的読解である。本稿の最後に、入不二基義の論文「現実と実在と潜在と」の破壊的読解を試みることにしよう。

2. 入不二基義「現実と実在と潜在と」の破壊的読解

入不二は、『現実性の問題』（以下、『問題』と略記）において、「現実性」を基礎に置いた形而上学的モデルを提示している。論文「現実と実在と潜在と」（以下、「現実」論文と略記）は、『問題』で提示された見解を前提に、さらに新たな主張が示されたものである。入不二の「現実性」概念について十全な検討をするためには、『問題』の詳細な考察が必要になるだろう。しかし本稿では、紙幅の都合上、同書の見解にかんしてはごく一部に言及するに留めざるをえない。「現実」論文のほうを中心に取り扱い、概略的な考察を提示することにしよう。

さて、同論文においてもっとも興味深いのは、「海」モデルだと言える。それは、潜在性の階層構造を海にたとえ、その全体に現実性が（ずれを残しつつ）浸透しているとみなすモデルだ。このモデルについて、もう少し詳しく確認しておこう。

入不二は、「ある壊れやすいガラスのコップがあって、そのコップが実際に壊れた」という例を挙げる。ここで、「壊れやすさ」は潜在性に、「実際に壊れた」はそれが発現した状態に対応する。入不二は、このアリストテレス的なデュナミス／エネルゲイアのモデルに対して、垂直方向・水平方向の拡張をおこなう。[50] まずは、垂直方向について。「コップの壊れやすさ」は、分子・原子レベルでのミクロな構造によって生みだされていると言える。つまり、「壊れやすさ」という傾向性の底には、ミクロレベルの構造がもつさらなる傾向性（壊れやすさのもたらしやすさ）がある。入不二は、こうした垂直方向の深まりに原理的な制限はなく、どこまでも深まりうるのだと考える。ここにさらに、水平方向の広がりが付加される。たとえば、ある傾向性の発現（壊れたコップ）が、べつの傾向性（けがをさせやすい）の潜在性であったり、あるいは、ある傾向性（壊れやすさ）そのものが、べつの傾向性（繊細な美しさ）の発現であったりするだろう。このように潜在性は、垂直方向にも水平方向にも複雑なネットワークを形成しているのである。

入不二は、垂直・水平方向にどこまでも広がっている潜在性の場を「海」にたとえている。もっとも深いレイヤーである「最深潜在性」は「海底」に、もっとも浅いレイヤーである「ゼロ潜在性」は「海面」に対応する。ここで重要な点は、〈現実性＝ゼロ潜在性〉ではない、という点である。アリストテレス的なモデルにしたがえば、潜在性が発現した状態（ゼロ潜在性）こそが現実態だということになるだろう。だが、入不二の考える現実性は、それとは異なる。この点は、入不二の議論においてもっとも重要な論点である。入不二はつぎのように述べている。

> 「「現に」という現実性の働きは、潜在性の場（最深潜在性―中間潜在性―ゼロ潜在性）の全体に及んでいて、現に潜在するし、現に顕在へと浮上するし、現に現前する。「現に」という力は、潜在性の場全体に及ぶという仕方で、たしかに「一体」化している」(51)。

現実性は、潜在性が発現した結果に局所化されるのではなく、あらゆるレイヤーに一様に浸透する力だとみなされる。「現に」潜在し、「現に」顕在する。現実性は、「現に」という「副詞的な力」[52]として、すべてを一様に貫いているのである。

最深潜在性の海底からゼロ潜在性の海面にいたる広大な海全体を、現実性の力が一様に貫いている。これが海モデルだ。本稿が問題にしたいのは、このモデル、とりわけ現実性にとっての「外のなさ」である。現実性と潜在性が一体となったこの海の外にでることはけっしてできない。「どんなにこの現実の外を想定しようとしたとしても、そこもまたこの現実でしかないのであり、「現に」という現実性の力は、どこまで行っても一番外側で透明に働く」[53]。「現に」という副詞的な力は、なんにでも貼り付く（「現に〜である」という仕方で）。この力の圏外であると思われたものにも、けっきょくのところその力が浸透しているのである。すべては、透明に働く現実性の圏域に回収されることになる。このような現実性は、メイヤスーの表現を借りれば、「透明な檻」をつくりだしているのだと言える。それは、思考と存在の相関によってつくりだされるものよりも、はるかに強力な「透明な檻」として機能する。この檻の外へ。これが、ここでの破壊的読解が目指すことである。破壊性は、時間的な仕方で外を到来させうる。現実性＋潜在性の広大な海そのものが破壊を被り、まったく別様な世界が到来するかもしれない。この到来は、地球上のかつての生命にとってはその外が存在しえない領域であった海が、生存可能な領域のごく一部となり、生命があふれる地上が生じるにいたった進化的出来事と類比的である。破壊性は、現実性と潜在性が一体となった海の外へのあふれだしを可能にさせる。しかし、いったいどのようにして。

現実性が破壊され、「現に」とはべつの仕方でなにかが生じることが可能になるためには、現実性に否定の力が届く必要がある。だが、そこに否定が働くことはないのだと言われる。入不二はつぎのように述べている。

「一番外側で透明に働く現実性に対して否定が働かないのは、現実性はどんな内容とも無関係に透明に働くからであり、そこには現実性という力の作動（肯定）しかない」[54]。

現実性は、現に「どうであるか」という内容とは無関係である。その内容がなんであれ、現実として生起したならば、それが現実である。現実が内容によって決まることはない。副詞的な力としての現実性は、このような仕方で透明に働くのである。内容とは無関係であり、ただ透明に働く力としての現実性。これを否定することは不可能だ。破壊性の強度がどれほど高くても、透明なものにその一撃が当たることはない。この問題を、「標的の透明化の問題」と呼ぶことにしよう。

この問題にいかにして答えるのか。ひとつの答え方として、それでも破壊性は現実性を否定し破壊することができる、と言い張る方向性があるかもしれない（標的の透明化の無力化）。しかしここでは、そもそも現実性はそれほど透明なのか、と問うことにしたい。これは、標的の透明化を解除する方向性である。じっさい入不二の議論において、現実性はすでにある特定の内容をもたされてしまっているのだと言える。現実性の働きは、潜在性の海全体に浸透し、それと一体化している、と述べられる。現実性は、そうしたあり方・内容と不可分なのである。また『問題』では、より積極的な役割が割り当てられている。（詳細な説明は省略するが）「現に」という力は、現実性（「回る現実」）・可能性・潜在性から成る円環システム全体を「回す力」である、と述べられる[55]。けっきょくのところ現実性は、透明に働くとはいえ、あるシステムのなかで特定の役割を担うひとつの項として存在しているのである。つまり、そうした内容を本質的にもってしまっているのだ[56]。そうだとすれば、現実性の透明性は、否定の力がじゅうぶん届くほどに解除されていると言えるだろう。現実性が属すシステムと、それと不可分に働く現実性がともに否定され、まったくべつのあり方をした世界が到来する、ということはじゅうぶんに可能だ。

さて、ここまで現実性と潜在性をめぐる議論を扱ってきた。「現実」論文では、これに加えて、現実性と実在性をめぐっても議論が展開されている。こちらの議論についても手短に取り上げることにしよう。とくに着目したいのは、「現実性」が「Actu-Re-ality」という造語によって翻訳されうると述べられている箇所である。入不二は、この造語における「Re」のひとつの意味を、実在性がもつ「高低差の反復」であると説明している。[57] まず、この点について確認しておこう。そもそも入不二は、実在性を「実は」という副詞的な働きが生みだす「高低差」としてとらえている。たとえば、存在が認識をはみだすときに、「実は～である」という表現がなされる。「実は」とは、認識をはみだすより高階の存在へと上っていく運動である。「高低差の反復」とは、「実は」という仕方で、認識をはみだすより高階の存在へと繰り返し上昇していく動きを意味しているのだと言える。この点を踏まえたうえで、入不二は、「実は」(実在性)と「現に」(現実性)のちがいについて述べている。「実は」が高低差と不可分の働きであるのに対して、「現に」は高低差とは無縁にただ遍在的に働くのだとされる。「現に」は、高低差の局所でも全域でも無差別に働くのである。現実性は、実在性による「高低差の反復」を包み込むようにして汎通的に働いているのだ。先ほどの造語において、「Re」の手前に「Actu」が置かれているのは、まさにこうしたあり方を表現してのことなのである。

以上の点を踏まえ、本稿は、「現実」論文の破壊的読解という文脈において、破壊性が「Re: Actu-Re-ality」という別名をもつのだと主張したい。破壊性は、「実は」に内包する破壊的な転覆力をどこまでも高めることによって得られるものである(本稿「はじめに」参照)。破壊性は、この破壊的・転覆的な高低差の反復のなかに、現実性の力そのものを投げ入れる。現実性は、自らは無傷のまま、この反復運動を包み込んで駆動させるポジションから、その運動に飲み込まれうるひとつの対象としてのポジションに転落することになる。「Re: Actu-Re-ality」という別名は、このことを表現するために、「Actu」のまえにさらに「Re」を置くというかたちになっている。

ところで、現実性と潜在性が一体となった「海」が破壊されたとして、いったいどのような世界が到来するのだろうか。最後に、この点をめぐり考察することにしたい。到来する世界には、さまざまなパターンがありうる。たとえば、潜在性の場がまるごと消滅する一方で、現実性は残存し、それが純粋に働く世界になるかもしれない。その場合には、傾向性が発現するというダイナミズムなしに、ただ「現に〜である」ということだけが成立する世界となるだろう。あるいは、もっとラディカルに、現実性さえも端的に消滅した世界が到来するかもしれない。しかしこれに対して、そうした世界も「現に」到来するのであるから、けっきょく現実性が消滅したことにならないのではないか、と思われるかもしれない。現実性は、現実性なき世界の到来のうちにもふたたび浸透するように思われる。そうなれば、わたしたちは現実性という「透明な檻」に逆戻りすることに（あるいは、そもそもそこから一歩もでられていなかったということに）なるだろう。しかし、「Re: Actu-Re-ality」としての破壊性は、まさにこうした現実性に破壊をもたらし、それとはまったく無関係の世界を到来させるのである。「現に」という副詞的な力の圏外でなにかが生じるような世界。これは、もはや想像することも思考することも不可能な世界だ。破壊性は、このように思考不可能な世界を、それでも到来させうるのである。

そうした世界の到来をめぐる思弁は、わたしたちに驚きをもたらすだろう。そこには、退屈からの解放という実存的効果がある（本稿第一節2．参照）。一般に、多くの形而上学は、ありふれた日常的世界の奥底に、思考がぎりぎりタッチできるような普遍的構造を見つけだす。入不二形而上学は、「現に」という透明に働く力を見いだした。これはとても魅力的な考察であり、それによってわたしたちは驚きを体感することになる。これを「垂直的な驚き」「退屈からの第一の解放」と呼ぶことにしよう。破壊的読解は、そうした普遍的構造さえもが時間的・水平的な仕方で破壊され、まったく別様になる可能性を示す。あるときとつぜん、思考がもはやタッチできないような構造をそなえた世界が到来するかもしれないのだ。こうした破壊的読解の試みによって、わたしたちは「水平的な驚き」「退屈からの第二の解放」を体感することになる。

(1) 本稿で展開する「破壊の形而上学」というアイデアは、以下の記事や講義において発表した内容が元になっている。飯盛元章「哲学はなぜ世界の崩壊の快楽を探究してしまうのか――パンデミックから破壊の形而上学へ」現代新書、https://gendai.media/articles/-/76617。飯盛元章「破壊の形而上学へ」A & ANS主催、二〇二〇年一一月二二日。

(2) Alfred North Whitehead, *The Function of Reason*, Boston : Beacon Press, 1958, p. 20〔アルフレッド・ノース・ホワイトヘッド『理性の機能』(ホワイトヘッド著作集・第八巻) 藤川吉美訳、松籟社、一九八一年、二三頁、一部引用者による訳。以下、本稿で引用されている翻訳は、とくに断りがなければ、引用者が邦訳を参照しつつ訳したものである〕.

(3) Cf. Martin Heidegger, *Die Grundbegriffe der Metaphysik : Welt-Endlichkeit-Einsamkeit*, Gesamtausgabe, Band 29/30, Frankfurt : Vittorio Klostermann, 1983, p. 163〔マルティン・ハイデッガー『形而上学の根本諸概念――世界-有限性-孤独』(ハイデガー全集・第二九／三〇巻) 川原栄峰、セヴェリン・ミュラー訳、創文社、一九九八年、一八一頁〕.

(4) Cf. *ibid.*, p. 165〔同書、一八二頁〕.

(5) 國分功一郎『暇と退屈の倫理学 増補新版』太田出版、二〇一五年、三一九頁参照。

(6) 同書、三三五―三三八頁参照。

(7) 同書、二九七―二九九頁参照。

(8) Gilles Deleuze, *Différence et répétition*, Paris : PUF, 1968, p. 181〔ジル・ドゥルーズ『差異と反復』財津理訳、河出書房新社、二〇〇七年、上巻、三七二頁〕.

(9) 國分、前掲書、三四六頁。

(10) 同書、三五六―三五九頁参照。

(11) 同書、三四七、三五九頁参照。

(12) 同書、三六七頁参照。

(13) 飯盛元章「哲学はスイングバイによって思考の深宇宙へ飛び立つ」（『現代思想』二〇二二年八月号）参照。

(14) Cf. Alfred North Whitehead, *Adventures of Ideas*, New York : Free Press, 1967, p. 285〔アルフレッド・ノース・ホワイトヘッド『観念の冒険』（ホワイトヘッド著作集・第一二巻）山本誠作、菱木政晴訳、松籟社、一九八二年、三九三頁〕.

(15) Cf. *ibid.*, p. 252〔同書、三四七頁〕.

(16) ホワイトヘッドは〈美〉と〈調和〉について、つぎのように述べている。「言い換えれば、〈美〉の完全性は、〈調和〉の完全性として定義される」（*Ibid.*〔同書、三四八頁〕.）。

(17) Cf. *ibid.*, p. 256〔同書、三五二頁〕.

(18) Cf. *ibid.*〔同書〕.

(19) *Ibid.*, p. 258〔同書、三五五頁〕.

(20) Alfred North Whitehead, *Process and Reality*, New York : Free Press, 1978, p. 339〔アルフレッド・ノース・ホワイトヘッド『過程と実在』上／下（ホワイトヘッド著作集・第一〇／一一巻）山本誠作訳、松籟社、一九八四／八五年、六〇五頁〕.

(21) ホワイトヘッドは〈冒険〉についてつぎのように述べている。「〈冒険〉が、つまり新たな完全性の追求が必須である」（Whitehead, *Adventures of Ideas, op. cit.*, p. 258〔ホワイトヘッド『観念の冒険』前掲書、三五五頁〕）。

(22) Cf. *ibid.*, p. 259〔同書、三五六頁〕.

(23) Cf. Catherine Malabou, *L'Avenir de Hegel : Plasticité, temporalité, dialectique*, Paris : J. Vrin, 1994, p. 16〔カトリーヌ・マラブー『ヘーゲルの未来――可塑性・時間性・弁証法』西山雄二訳、未来社、二〇〇五年、二七頁〕.

(24) Catherine Malabou, *Les Nouveaux Blessés : De Freud à la neurologie, penser les traumatismes contemporains*, Paris: PUF, 2017, p. 41〔カトリーヌ・マラブー『新たなる傷つきし者――フロイトから神経学へ　現代の心的外傷を考える』平野徹訳、河出書房新社、二〇一六年、四二―四三頁〕.

(25) マラブーは、自らがこれまでおこなってきた可塑性の議論について、反省的につぎのように述べている。「これまでわたしの研究では、可塑性の三つの意味――形の受容、付与、無化――が執拗に言及されてきたが、正当化できそうなのは、じっさいには前者ふたつの意味についてだけだろう。破壊的ないし爆発的可塑性については、たんに言及してきただけであって、具体的にそれを考察したことはなかった。創造力、弾力、抵抗力、柔軟性への対抗能力といった、可塑性の創造的次元ばかりが探究されてきた。けっきょくのところ、形そのものの意味の不在、形における意味の無化、形としての意味の無化については、これまでわたしの研究対象になっていなかったのである。じっさいわたしは、破壊的変容の可能性に一度も取り組んでこなかったのだ」（*Ibid.*, p. 45-46〔同書、四七頁〕）。

（26） Cf. *ibid.*, p. 38〔同書、四〇頁〕.

（27） Cf. *ibid.*, pp. 38-40〔同書、四〇―四二頁〕.

（28） Catherine Malabou, *Ontologie de l'accident : Essai sur la plasticité destructrice*, Paris : Éditions Léo Scheer, 2009, p. 10〔『偶発事の存在論――破壊的可塑性についての試論』鈴木智之訳、法政大学出版局、二〇二〇年、五―六頁〕.

（29） ジャン゠ピエール・デュピュイ『ありえないことが現実になるとき――賢明な破局論にむけて』桑田光平・本田貴久訳、筑摩書房、二〇一二年、i頁。

（30） Henri Bergson, *La pensée et le mouvant : Essais et conférences*, 14e éd., Paris : PUF, 1999, p. 113〔アンリ・ベルクソン『思考と動くもの』（新訳ベルクソン全集七）竹内信夫訳、白水社、二〇一七年、一四二頁〕.

（31） Jean-Pierre Dupuy, *Pour un catastrophisme éclairé : Quand l'impossible est certain*, Paris : Seuil, 2002, p. 12〔デュピュイ、前掲書、一二頁〕.

（32） デュピュイは、破壊的進化についてつぎのように述べている。「だが繰り返しになるが、この問題は心理学の領域を超えて、時間性の形而上学を開始させる。ベルクソンは、創造にかんする時間性を見事にとらえた。わたしたちが問題にする時間は、ベルクソンがもたらした教訓を破壊の事例に適用することを強制する。人間について言えば、創造的進化は、その呪われた部分である破壊的進化をともなっている」（*Ibid.*, p. 145〔同書、一三三―一三四頁〕）。

（33） デュピュイは、この点についてつぎのように述べている。「破局の恐るべき点は、破局が起こることを知るのにじゅうぶんな理性をもっているにもかかわらず、わたしたちはそのことを信じられない、ということにある。だが、それだけではない。破局はひとたび起きてしまえば、まるでそれが事物の通常の秩序であるかのように見えてしまうのである。破局の現実そのものが、破局をありきたりのものにしてしまうのだ」（*Ibid.*, pp. 84-85〔同書、八〇頁〕）。

（34） Cf. Quentin Meillassoux and Florian Hecker, *Speculative Solution: Quentin Meillassoux and Florian Hecker Talk Hyperchaos*, https://www.urbanomic.com/wp-content/uploads/2015/06/Urbanomic_Document_UFD001.pdf,p.3.

（35） Cf. Quentin Meillassoux, *Après la finitude: Essai sur la nécessité de la contingence*, Paris : Seuil, 2006, pp. 18-19〔『有限性の後で』千葉雅也・大橋完太郎・星野太訳、人文書院、二〇一六年、一五—一六頁〕.

（36） Cf. *ibid.*, p. 82〔同書、九〇頁〕.

（37） Cf. *ibid.*, p. 21〔同書、一八頁〕.

（38） *Ibid.*, p. 22〔同書、一九頁〕.

（39） *Ibid.*, p. 85〔同書、九四頁〕.

（40） Cf. *ibid.*, p. 67-68〔同書、七二—七三頁〕.

（41） Cf. *ibid.*, p. 89-90〔同書、九九—一〇〇頁〕.

（42） Cf. *Ibid.*, p. 85〔同書、九四頁〕.

（43） この点が、メイヤスーの偶然性概念の独自性だと言える。多くの哲学者も、あらゆる存在・出来事が偶然的である、とは考えるだろう。しかし彼らは、偶然的に生じた存在の積み重ね（習慣）として成立する諸法則の力を重視してしまう。こうした諸法則の力がとつじょ失効し、さまざま事物がまったく別様なあり方に生成変化してしまう、とは考えない。

（44） *Ibid.*, p. 100〔同書、一一一頁〕.

（45） メイヤスーは、この点にかんして、一六四四年五月二日のメラン宛書簡を参照している（cf. *Ibid.*, p. 60〔同書、六五頁〕）。

（46） メイヤスーは、この点にかんしてつぎのように述べている。「というのも、じっさいいかなるものも、別様ではなくそのように存在し存続していることの理由をもたないからだ。世界の事物も、世界の法則も、そうした理由をもってはいない。まったく実在的に、あらゆるものが崩壊しうる。木々から星々にいたるまで、星々から諸法則にいたるまで、さらには自然法則から論理法則にいたるまで、あらゆるものが崩壊しうるのだ」(cf. *Ibid.*, p. 85〔同書、九四頁〕.)。

(47) Cf. Quentin Meillassoux, *Time without becoming*, ed. Anna Longo, Mimesis international, 2014, pp. 25-27.

(48) *Ibid.*, p. 27.

(49) Meillassoux, *Après la finitude, op. cit.*, p. 102〔メイヤスー『有限性の後で』前掲書、一一三頁〕.

(50) 入不二基義「現実と実在と潜在と」(寺本剛編著『リアリティの哲学』中央大学出版部、二〇二三年)二二一—二二三頁参照。

(51) 同書、二二四頁。

(52) 入不二基義『現実性の問題』筑摩書房、二〇二〇年、四八頁。

(53) 同書、三五二頁。

(54) 同書、八〇頁。

(55) 同書、二五頁。

(56) ここで示された論点は、森岡正博が提起する「究極の言えなさ」問題(同書、二〇一—二〇三頁参照)といっけん類似しているように思われるが、それとは異なるものである。「究極の言えなさ」問題はわたしたちによる語りと事物そのものとのあいだで生起する問題だが、ここでの論点は事物そのものにおける構造(として提示されていること)を問題としている。

(57) 入不二基義「現実と実在と潜在と」前掲書、七頁。

ホワイトヘッドの哲学から考えるクオリアのリアリティについて

佐藤陽祐

はじめに

意識的経験には、その経験に固有かつ独特の感じが常にともなう。この感じは、「クオリア」(qualia)と呼ばれる。ある意識的経験がクオリアを伴うことが、意識の自然化を困難にするものとして、「心の哲学」と呼ばれる分野では「意識のハード・プロブレム」として扱われてきた。本稿は、心の哲学で考察されているクオリアをA・N・ホワイトヘッドの体系によって説明される意識的経験と接合させた場合に、どのように扱うことができるのかについて問うものである。つまり、ホワイトヘッドの哲学においてクオリアを扱うことができるのかについて考えてみたい。

クオリアをホワイトヘッドの哲学に即して考える妥当性は、クオリアが「主観性」(subjectivity)の概念と密接な関係にあるといえるからだ。というのも、ある心的状態がクオリアをともなうというのは、それが経験主体にある仕方で「感受」(feeling)されるということであり、その経験に独特の感覚質を備えた意識的経験を持つということがいかなることかを問題にしうるということだからである。ホワイトヘッドの哲学において主体は人間に限定されているわけではないものの、人間的主体における意識の生成を考えた場合に、この主体がいかにしてその経験に独特な感覚質を持つのかという問題に向き合う必要があると考える。

その際に鍵となるのは、ホワイトヘッドの体系において意識的経験を生み出す契機となる「命題」(proposition)概念にあると考える。したがって、命題から派生する意識的経験の発生機序のなかにクオリアを位置づけたい。このような作業を踏まえることによって、本稿はホワイトヘッドの哲学が心の哲学との対話に赴くための予備的研究を成すことを狙いとする。以上の試みが成功するならば、他の哲学分野や哲学者との対話を行いうる地平を開く一端となり、一般性を有するものとしてのホワイトヘッドの体系の意義を検証、確認しうる一助となると考える。

一　ホワイトヘッド哲学においてクオリアをいかに位置づけるか

ホワイトヘッドが「意識」(consciousness)を経験の中心に据えなかったことは、ホワイトヘッド研究者にとっては常識であろう。というのも、ホワイトヘッドが語る経験において意識とは、一つの経験の単位を成し、経験主体の成立に向けて生成するアクチュアルエンティティ(actual entity)が「充足」(satisfaction)に至る最終相において発生するものであり、ホワイトヘッド自身も「意識が経験を前提としているのであって、経験が意識を前提しているのではない」(1)[PR 53]と主張するからだ。したがって、意識に現れるクオリアをホワイトヘッドの哲学において考える際には、クオリアがいかなる存在であるのかという心の哲学の中心的なテーマに加えて、そもそもクオリアがいかに発生するのかについて考える必要があるといえる。つまり、ホワイトヘッドの哲学とクオリアのあり方やクオリアの自然化を問う心の哲学との対話に赴く前に、ホワイトヘッドの体系のなかでクオリアを位置づけるという予備的かつ必然的な作業が必要となる。

したがって、クオリアが意識に現れる質であるならば、ホワイトヘッドが語る意識の発生機序のなかに、クオリアを位置づけるべきだろう。さらに、意識の存在を前提としないホワイトヘッドの体系において、意識的経験はプロセスのなかで生成してくるものであることを考えれば、ホワイトヘッドの体系における意識の発生に即して、クオリアの「発生」を問うことになる。

さらに、ホワイトヘッドの哲学において意識的経験（の質や内容）について語るのであれば、彼独自の「命題」概念を扱うことになる。というのも、意識の発生にはプロセスにおいて、命題にもとづいて形成される「類的コントラスト」（generic contrast）の受容が必要となるからだ。したがって、ホワイトヘッドの体系のなかにクオリアをいかに位置づけるかという課題に対して展開するべき議論に、一定の方向が見いだされることになる。すなわち、命題の生成から意識の発生に至るまでのプロセスのなかで、クオリアの発生を説明すればよいことになる。

他方で、クオリアの存在に目を向ければ、心の哲学において扱われるように、意識において現れるクオリアの存在身分が問われることになる。赤いリンゴを見るときに意識に現れる赤は、実物のリンゴの持つ赤色であるように思われる。しかし、実物のリンゴが赤くない場合、たとえば緑色でも、錯覚によってリンゴが赤く見えることがある。何ものかがその実物どおりに見えない錯覚という現象は、我々が日常的に経験する事柄である。このような場合に、意識に現れるリンゴの赤は、実物のリンゴの赤さではありえない。そうだとすれば、それはいったい何なのだろうか。錯覚において意識において現れる赤は、物的な事物のもつ性質ではないように思われる。つまり、それは意識という物的なものではないものに現れてくる物的ではない性質ではないだろうか。

さらに、クオリアが物的なものではないという考えは、クオリアの逆転や欠如の可能性によって、支持される。クオリア逆転とは、以下のような思考実験から考えられる可能性である。たとえば、二人の人間AとBは振る舞い方や脳の状態にも特別な差異がないとする。Aがあるものを見て「赤い」といえば、Bもそれを見て「赤い」といい、Aが「青い」といえば、Bも「青い」という。しかし、このとき、Aには赤く見えるものが実はBには青く見え、反対にAに青く見えるものがBには赤く見えるということがありえるという想定である。このような状況が実際に生じることはありそうにない。しかし、このように振る舞い方や脳のあり方に差異はなくとも、意識に現れる色が逆転しているということは、純粋な可能性として想定可能であるように思われる。このような状況が、クオリア逆転と呼ばれる。

また、ある人がリンゴを見たときに、われわれと同じように振る舞い、脳のあり方もわれわれとは異ならないとする。その人もわれわれと同様に赤いものを見れば「赤い」というし、その際の脳の状態もわれわれのそれと変わらない。しかし、その人の意識には、赤も、青も、どのような色も現れず、クオリアをともなう意識経験を一切持たない。このような人（哲学的ゾンビ）も想像上可能であることが、クオリア欠如の可能性と呼ばれる。

クオリアの逆転や欠如の可能性は、物的には何の違いもないのにもかかわらず、クオリアに関して違いがありうることを示唆している。したがって、クオリアは物的なものでないことになる。上記のように錯覚の例を考えれば、クオリアを物的なものとして解することは容易ではない。しかし、クオリアを物的なものでないとすれば、クオリア逆転や欠如の可能性という非常に奇妙なことが想定可能になってしまう。そこで、クオリアを何とかして物的なものとして理解する方途が探られることになり、これがクオリアの自然化、さらには意識の自然化という心の哲学の中心的問題となる。

さて、ホワイトヘッドの体系において、クオリアの発生を考えた場合、クオリアはいかなる存在身分を持つことになるだろうか。命題そして、そこから派生する類的コントラストの受容によって、意識的経験の発生を解き明かすホワイトヘッドの体系においては、クオリアを物的なものに由来する存在として位置づける見通しがある。というのも、意識の発生をもたらす類的コントラストは、命題によって構成されているからである。さらに、命題は、いわばモノとしてある生の与件を「感受」（feeling）する「物的感受」（physical feeling）と、生（ナマ）の与件を限定する質や形式としての「永遠的客体」（eternal object）を感受する「概念的感受」（conceptual feeling）とを統合する「命題的感受」（propositional feeling）によって、生み出される。つまり、命題には物的なモノとのつながりが常にある。

ホワイトヘッドの体系においてクオリアを位置づける一定の方向性が示された。それでは、その道を確かめながら、たどっていくことにしたい。

二　ホワイトヘッドの体系における意識の発生について

一般に人間の経験の中心は意識にあると思われる。というのも、人間はただ行動するのみならず、その背後には、その行動からは直接には観察されない意識経験を有していることが推察されるからだ。たとえばコーヒーを飲むにしても、私の視界にはコーヒーの入ったマグカップが見える。マグカップを触れば温かく、湯気が立つコーヒーからは、コーヒー独特の香りを嗅ぐことができる。マグカップに口をつけ、コーヒーを飲めば、苦みや酸味を含むコーヒー独特の味わいがある。このように、私の経験のうちにはコーヒーに関係する様々なものが現れている。意識経験は常に、こうした様々な現れを持つ。それゆえ、経験とはわれわれの意識に現れてくるものの総体であるように思われる。つまり、意識経験こそが経験のすべてであるように思われるわけだ。ところが、ホワイトヘッドの体系においては、意識は経験の前提とはならない。ホワイトヘッドは明確に原理として宣言する。

> 私が採用している原理は、意識が経験を前提としているのであって、経験が意識を前提しているのではない、ということである。〔PR 53〕

人間にとって経験の中心と思われる意識が経験を成り立たせる基礎となるのではなく、経験が意識を成す前提であるといわれる。これはどういうことだろうか。

従来の認識論は、経験に先立って意識を前提とし、意識を持つ主体とその対象である客体との主—客構造を持つ。たとえば、眼前のある対象を見るという経験においても、「私」や「精神」や「自我」や「実体」と呼ばれる主体とその対象とが前提され、両者のあいだの関係が探られることになった。しかし、主体を意識経験の前提とすることは、主体が「存在するためにほかのいかなるものも必要とせずに独立自存するもの」というデカルト流の主体となり、対象との関係のあり方を説明することが困難となる。したがって、ホワイトヘッドは次のように述べる。

> 実体の哲学が前提するのは主体であり、その主体がのちに与件（data）と出会い、与件と関係することになる。有機体の哲学が前提するのは、与件であり、与件が感受（feeling）によって出会われ、しだいに主体の統一性を獲得していくことになる。〔PR 155〕

多様な意識経験を有する主体としての「私」が、いかにして外界の対象を意識において経験しているのか、意識における対象（＝心的表象）と対象そのものとはどのような関係を持つのか。実体の哲学は主体を前提とし、与件（＝対象）との関係のあり方を説明するうえで、このような問いを突き付けられ、困難を生むことになる。

他方で、われわれは「今の私があるのは、あのときの経験があるからだ」などとごく自然にいう。したがって、われわれは経験が「私」を作ることを知っている。「私」はさまざまな出来事を経験し成立している。だから、「私」を作るのは経験である。たとえば、言葉を見聞きし、書いて練習したり、作文したり、文法を学んだりすることによって、われわれは一つの言語に習熟する。また、各種の練習を積み、運動を反復することによって技術を身につけ、スポーツや楽器の演奏も上達していく。もろもろの出来事を経験することから、また新しい経験を生み出すものとして「私」はある。つまり、主体は最初から前提とされ存在するのではなく、多様な出来事や事物との関係、すなわち何かとかかわり合う（＝経験する）ことから生み出されているといえる。われわれは日常生活において、当然のように主体としての「私」が存在することを認めている。しかし、ホワイトヘッドに言わせれば、このように主体を前提とすることは、「具体性を置き違える誤謬」（the fallacy of misplaced concreteness）［PR 7］の一種となる。すなわち、「私」という主体の存在は多様な経験から引き出された抽象にすぎず、われわれは、抽象的なもの（＝「私」）をもっとも具体的な事実ととらえる誤謬を犯している。そうではなく、「私」の成立する以前の出来事や事物との関係（＝経験）こそがもっとも具体的な事実である。

したがってホワイトヘッドは、主体や客体ではなく、与件との「関係そのもの」を前提とすることによって、与件との諸々の関係からどのようにして統一性を備えた主体が生成してくるのかについて考える。さらに、以上のようなホワイトヘッドの体系における根本的特徴から、意識を持つ主体を前提とすることが当然のことながら否定される。したがって、経験が意識を前提とするのではなく、意識が経験を前提とするのである。つまり、意識以前の経験（＝他の与件との関係）によって、その都度、意識を有した主体が生まれてくることになる。それゆえ、意識は経験によって、いわば構成されることになる。プロセスをとおして成立する一つの経験の単位であるアクチュアルエンティティの生成において、意識は前提とされていない。また、意識はプロセスの最終相において生じるとされる。そして「客体的与件における一つの要素としての命題を離れては、いかなる意識も存在しない」［PR 243］と言われる。つまり、意識の発生にとって、ホワイトヘッドの命題が必須の要素であるといえる。したがって、ホワイトヘッドの体系における、命題を要件とした意識の発生論を見る必要がある。

アクチュアルエンティティの生成の途上において、命題は「頑強な事実」（a stubborn fact）である現実世界(2)から派生し、現実世界の事物についてそのあり方の可能性を提示する。一つの経験主体の成立を目指すプロセスの生成は、すでに決着を見た過去の頑強な現実世界の受容から始まる。この現実世界は、単に経験主体にとっての外界のみについていうのではない。現実世界には自らの身体そのものや、以前の心的状態等の情緒的なものも含まれるからだ。そして、命題によって、現実世界の分節化の可能性（世界のあり方の可能性を分節化すると言ってもよい）が提示される(3)。

現実世界にはわれわれの過去の身体や心的状態も含まれる。したがって、命題による世界のあり方の分節化には、われわれの五感による知覚経験、あるいは痛みや疲労といった身体内部の感覚経験、感情の経験、非実在的な対象についてのイメージ経験、記憶の想起、思考内容なども含まれる。このような意味で、命題はすべて現実世界のあり方を表すものだといえる。こうした内容を持つ命題がどのように扱われるかが、プロセスにおけるより高次の諸相（the higher phases）で決定される。提示された命題が経験主体を目指すアクチュアルエンティティにとってどのような意義を持つものかを決定するために、命題は、命題（の論理的主語）がそこから派生してくる頑強な事実としての結合体(4)（nexus）と「コントラスト化」（contrast）されることになる。このコントラストが、「類的コントラスト」（generic contrast）［PR 266］と呼ばれる。

このコントラストは、「肯定—否定のコントラスト」と呼ばれていたものである。それは、物的感受における客体化された事実の肯定と、命題の感受におけるこうした肯定の否定であるところの、単なる可能性との間の、コントラストである。またそれは、この現実世界における独特な諸事例に関する「実のところ」と「あるかもしれない」との間のコントラストである。このコントラストの感受の主体的形式が、意識なのである。このように、経験において、意識は、知的感受のゆえに、またこれらの感受の多様性と強度に比例して、生じるのである。［PR 267］

物的感受によって経験された現実世界は、何ものによっても改変されることのない過去の頑強なる事実であり、それはまた何らの概念的分析を加えられていない、いわば生（ナマ）の事実である。物的感受によって、過去は肯定された事実としてプロセスに受容される。一方で、生（ナマ）の事実から派生する命題は、それらの事実にたいしてあくまで現実世界の「現れ」となりうる可能性でしかない。すなわち、命題はあくまで可能性でしかなく、事実ではない。したがって、可能性としての命題はこの意味で事実にたいする否定と言われている。以上のような生（ナマ）の事実と命題の二つの要素が、「肯定—否定のコントラスト」として統一されるのである。さらに、ホワイトヘッドは二つの要素がコントラストとして統一されることに、アクチュアルエンティティにおける意識の発生を見る。しかし、このコントラストが意識的な経験となる要件はなんだろうか。

意識的な気づき（awareness）において、事実のうちにあるプロセスとしての現実態（actuality）は、この現実態が何であるか、また何でありえないか、あるいはこの現実態が何でないか、またそれが何でありうるのかを例示する諸々の可能性と統合されている。別の言い方をすれば、限定性、肯定、否定と関連することのない意識

は存在しない。[PR 243]

ここで言われている可能性とは、この可能性が現実態についての可能性を例示するといわれていることから、命題のことであると解釈できる。ホワイトヘッドは、意識的な気づきが生じるときには、プロセスにおいて生の事実と命題が提示する諸々の可能性との統合があるという。たとえば、トマトが赤いことを知覚する(意識的に気がつく)場合には、「それはトマトである」や「それは赤い」という命題が形成される。これらの命題は、生の事実のうちにあった要素(トマトや赤さの永遠的客体)を「述語的パターン」(predicative pattern)として統合することによって成立している。この場合、「事実ではない可能性でしかないもの」(命題＝事実ではないという意味での否定的要素)が事実(＝現実世界)という肯定にたいしてコントラストをなしている。このコントラストが、事実と可能性とが作る肯定―否定のコントラストである。

しかし、上記の引用からもう一つ肯定と否定の意味があることがわかる。このプロセスとしての現実態が経験するものが「何であるか、また何でありえないか」、あるいは「それが何でないか、それが何でありうるのか」を例示する肯定的命題と否定的命題があるということである。すなわち、命題どうしの肯定―否定のコントラストがあるということだ。「それはトマトである」や「それは赤い」という肯定的命題にたいして、否定的命題とは、「それはトマトではない」＝「それはリンゴである」、「それはミカンである」、「それはパプリカである」や、「それは赤ではない」＝「それは緑である」、「それは黄色である」、「それは青である」といった命題である。「それはトマトである」や「それは赤い」という肯定的命題が、「トマトは赤い」という知覚経験に帰結するにしても、この知覚経験はこの肯定的命題によってのみ成立しているわけではない。なぜなら、事物の解釈は多義的であり、さまざまな解釈の可能性を備えているからだ。光の加減によっては、トマトの色は、黄色や緑にも見えるだろうし、暗い部屋のなかではトマトは色すら見えることはなく、触れることでそれがトマトであることを確かめることができることもある。また、遠くからそれを眺めたら、それはトマトではなくパプリカやリンゴに見えることもあるかもしれない。

したがって、ホワイトヘッドがここで述べているのは、事物にはそれを限定するような明確な境界線のようなものはなく、あらゆる存在者と関係づけられることで、この存在者が特有の状況の中で意味づけられるということだ。そして、「それはトマトである」や「それは赤い」という肯定的命題の背景をなすような、無数の解釈の可能性を肯定的命題に対する否定として備えていなければ、われわれ各自が固有に持つ意識は存在しないということである。以上より、意識の発生には、命題による与件の限定性や命題の示す多様な可能性、そして、肯定、否定のコントラストが必要だと言われるのである。

しかしながら、こうした否定を含む知覚構造をわれわれが有しているにしても、すべての知覚経験が意識に上るわけではないことを日常的な経験からわれわれは知っている。たとえば、音楽が流れている部屋で椅子に座って本を読んでいるとき、わたしは、音楽に注意を向けることも、本の文章に注意を向けることもできる。とはいえ、一方の行為に集中すれば、他方の行為の知覚経験は意識から退く。それでは、どのような類的コントラストが現実世界の「現象」として意識的知覚経験となるのだろうか。プロセスにおける経験要素が意識へと上る条件は何だろうか。ホワイトヘッドの言葉をみてみよう。

そのコントラスト（論者注：類的コントラストの意）が経験内で微弱な要素であるとき、意識は、そこでは潜在的能力として胚芽の内にあるにすぎない。このコントラストが際立ち優性であるかぎり、契機（論者注：アクチュアルエンティティの意）は発展した意識を含んでいる。意識が照らし出す経験の部分は、ある選択されたも

のにすぎない。こうして意識は注意の一様態なのである。それは、極端に選択された強調を提供する。[AI 270]

上記の引用から分かるように、類的コントラストの強弱が意識の有無の基準となるようだ。そのコントラストが強度のあるものである場合、プロセスにおいて意識が生じると言われている。不定の現実世界から抽象された命題とそれにもとづいて発生する現象[5]は、現実世界全体から見ればごくわずかな部分でしかない。それは、プロセスが目指す主体によって選択されたものにすぎないのだ。したがって意識は、現実世界のどの部分に注意を向けるのかという意識以前の選択の結果なのである。一つの知覚経験の成立において、さまざまな命題が形成されるだろう。生の事実から引き出されうるかぎりの述語的パターンによって、現象しうるものの可能性が命題として提示される。これらの命題のいずれかが生の事実と統一され、類的コントラストが生じる。どの命題をコントラストに置くかは、この命題を感受するアクチュアルエンティティがいかなる経験の成立を目指しているのかという「主体的志向」(subjective aim)による。したがって、意識的知覚の発生以前には、どの命題を知覚経験の成立に寄与させるのかに関する命題の選択があるということになる。そして、アクチュアルエンティティが何らかの命題を選択したとしても、この結果できる類的コントラストがプロセスにおいて微弱な要素であれば、この現象は意識には上らない。それでは、コントラストの強弱は、何を基準として判断されるだろうか。この問いは、次のように言い換えられる。すなわち、アクチュアルエンティティのプロセスが目指す主体は、現実世界の何に注意を向けるべきだろうか。

ホワイトヘッドによれば、主体を目指すプロセスにおいて志向されているのは、その経験の「強度=内的充実度」(intensity)を増大させることである。そして、この強度を高め、増大させるのがコントラストである[6]。経験の強度を高めるというのは、命題がさまざまな可能性を提示することによって、現にある事実にとどまらない多種多様な要素をコントラストという形で統合することである。このコントラストによって経験の「強度＝内的充実度」が増し、アクチュアルエンティティは「新しさ」（novelty）を獲得するのである。したがって、プロセスが目指す主体が、現実世界の何に注意を向けるべきかという先の問いについては、それは新しさであると答えられる。なぜなら、アクチュアルエンティティは、それまでの世界になかった新しさを生み出すことをその本質とするからだ。したがって、新しさをもたらすような強度を持つコントラストをアクチュアルエンティティは選択する。このように選択された強度ある経験要素が意識として照らし出されることになる。その結果「トマトを見る」というありふれた意識的知覚経験でさえ、そのつど新たな「今―ここ」というこの立脚点（standpoint）を持ち、この立脚点から展開されるこのパースペクティブにおける同時的存在者の唯一無二の「現れ」として生起するのである。このように特定の意識的知覚経験の生起は、類的コントラストのもたらす経験の強度によって説明することが可能である。

三　ホワイトヘッドの体系におけるクオリアの所在

ホワイトヘッドの体系における意識の発生は、命題にもとづいて派生する類的コントラストの感受によって説明されうることを見た。それでは、この意識の発生機序のどこにクオリアの所在を求めることができるだろうか。クオリアが意識に現れる感覚的な質であるならば、クオリアをホワイトヘッドの述べる「意識に上るに十分な強度のある類的コントラスト」として解することが妥当だと考えられる。

クオリアは、それぞれの意識経験に固有のものである。たとえば、朝日を見る経験と、ウイスキーを味わう経験は、まったく異質な感じをともなう経験である。また、同じ味覚経験でも、ウイスキーを味わう経験と、牛乳を味わう経験は、やはりそれぞれに異なる感じをともなう。したがって、クオリアこそが、ある経験をその意識経験とするものだといえるだろう。経験にともなう、その意識経験に固有かつ独特な感じとしてのクオリアの発生を、類的コントラストにもとづく意識の発生として説明する場合に、どのように説明できるだろうか。

たとえば、今、見たり、触れたりしている椅子の知覚経験のリアリティは、アクチュアルエンティティの生成がそのたびごとに、ただ一度限り達成されることによって、唯一無二のあり方で経験がリアルなものとして「今—ここ」に成立することによって説明される。たとえば、今、この椅子を知覚しているという経験の成立は、ホワイトヘッドの体系において、椅子、眼や手、色等との複合的な関連を含む幾何学的空間のなかで成立するものとして説明される。

> たとえば、われわれは同時的な椅子を見るが、それをわれわれの眼で見る。また、われわれは同時的な椅子に触れるが、それを手で触れる。こうして、色は一方では椅子を、他方では眼を、主体の経験の要素として客体化する。また、触れることは、一方では椅子を、一方では手を、主体の経験の要素として客体化する。しかし、眼と手は過去（ほとんど直接的な過去）のうちにあり、椅子は現在のうちにある。このように客体化された椅子は、一つの結合体としてその統一状態にある現実的諸実質からなる同時的な結合体の客体化である。この結合体は、その構造に関して、その展望的（perspective）関係を伴った空間的領域によって、例示される。[PR 62–63]

同時的という言葉で含意されているのは、まず知覚主体の現在を基準とした同時性であるということである。

そして他方では、知覚主体の現在と知覚対象の現在とが相対的であるがゆえに[7]、知覚対象の現在のあり方は知覚主体から因果的に独立しているということでもある[8]。したがって、われわれに知覚されている対象は知覚主体にたいしてあくまで同時的な「現れ」でしかない。その結果、「そこ」に現れる「見え」は、「現在」の知覚主体が〈現在の〉（この知覚対象にとって現在の）知覚対象と直接的な関係を持たないゆえに、「虚像的」（delusive）[PR 122] とまで言われる。それゆえ、同時的な椅子もその〈現在の〉姿をわれわれに見せない。それではわれわれはたしかに見たり、触れたりすることで、その椅子を知覚する。しかし、われわれが知覚しているものは何なのか。それは、過去からの「順応」（conformity）という関係において継承された眼や手が伝達するもの（色や触覚）である。すなわち、過去の椅子のあり方に含まれていた色が、一方では椅子のあり方の要素（椅子の色）として現れ、他方では色を見るという現在の眼のあり方を決定する経験の要素として機能する。触れることにおいても、過去の椅子に対する触覚が、一方では椅子のあり方の要素（その質感や形状など）として現れ、他方では椅子に触れているという現在の手のあり方を決定する経験の要素として働いている。

現在の椅子そのものが原理的には不可知なものであるとしても、手や眼が伝える過去の椅子のあり方は、われわれにとっても現在の椅子にとっても共通のものである。したがって、現在の椅子はその過去の椅子の諸状態を継承して成立している（椅子自身のあり方も過去からの順応という関係性によって継承される）ため、過去の椅子のあり方には、その時点では未来であった現在の椅子のあり方が内在していたといえるのである。

さて、眼と手が過去からの継承のうちにあるのにたいして、知覚されている椅子はわれわれの現在のうちにある。この椅子は、それを知覚している現在のわれわれとはそれ自体として直接的に関わりを持たないが、手や眼によって伝達された過去の椅子の情報によって、色や質感、形状を備えた「椅子」という性質をまとった姿でわれわれに知覚されている。すなわち、われわれが知覚しているのはあくまでそれらの「現れ」としての椅子であるが、椅子として現れるモノは現実的諸実質からなる（われわれと）同時的な結合体として存在している。そして、この結合体がどのような構造を持つモノであるか、すなわちどのような「現れ」を持ちうるかは、われわれの現在において展開されるパースペクティブを備えた空間的領域に示される。つまり、われわれの持つ同時的世界のパースペクティブのうちで、われわれが「ここ」（眼あるいは手）で、「そこ」に椅子を見出す（あるいは触れる）という「ここ」と「そこ」という空間的領域に「現れ」が例示されるというのだ。

> 外部世界についてのわれわれの知覚は二種類の内容にわけられている。その一種のものは、われわれの直接的な諸感覚をわれわれが投影することによって生じる、同時的世界のよく知られた直接的な現前（immediate presentation）であり、それは同時的な物的諸実質（physical entities）の性格がわれわれにとってどう現れるかを決定している。この種のものは、われわれの周囲の直接的な世界についての経験であり、その世界はわれわれ自身の身体の関連する諸部分がどのような直接的状態にあるかに左右されるところのさまざまな感覚与件（sense-data）によって装飾された世界である。［S 13–14］

アクチュアルエンテイティはこの「今」における同時的な空間領域に過去から派生した感覚与件という網をかけることで、感覚与件によって装飾された世界を表わす。こうして、このプロセスにとって他の同時的な存在者が、「今」どのようにありうるかという「見え」として提示されることになる。その結果、現前的直接性の知覚様態における同時的存在についての知覚とは、感覚与件によって明示された場所ないし領域についての知覚であって、その同時的存在それ自体についての知覚ではないことになる。それはあくまで「見え」でしかない皮相なものなのだ。

しかし、われわれがみな知っているように、灰色の石の知覚に含まれた単なる見えは、知覚者と同時的な灰色の形の見えであり、知覚者にたいして程度の差はあれ漠然と限定された空間的関係と同時的な見えなのである。［PR 121］

ある感覚与件によって、ある同時的な空間領域を、その空間の形ならびに知覚者からのその空間的眺めに関して曖昧さから救い出すだけの知覚は、「現前的直接性の様態における知覚」と呼ばれる。［PR 121］

現前的直接性の知覚様態では、「感覚与件」（sense-data）によって「色」や「形」、身体と環境との幾何学的空間関係が知覚される。したがって、それらの知覚は、順応（conformity＝因果的効果の知覚様態）とは異なり、非常に判明なものである。それは、生成しているアクチュアルエンティティにたいする同時的世界の知覚であり、感覚与件が同時的世界へ「投影」（projection）されることによって、諸事物の性質が例示される。さらに空間的な領域や関係を示す点では、「判明であり、限定的であり、制御しうるし、直接的享受に適している」［PR 179］。とはいえ、このようにして判明に現れる同時的な世界は、結局のところプロセスにおいて選択された感覚与件によって現れる「見え」でしかない。さらに、知覚経験におけるクオリアは、過去から派生した感覚与件が命題として提示されることによって「現れ」として経験される。なぜクオリアが命題として提示されるのかについては以下の引用を見てもらいたい。

これらの自然的感受の概念的相関物は、感覚与件を緊張（strain）によって限定されるさまざまな領域と結びつけながら、多くの概念的感受に分析されうる。この概念的感受は、特定の領域に関連することによって、「命題的感受」と呼ばれる第二のタイプに属している。ある下位の命題的感受は、感覚与件を感じ手の「座」と結びつけ、別の下位の命題的感受は、それを感じ手の「焦点的」領域と、またあるものは感じ手の中間的領域と、さらにあるものは、神経連鎖の先行する要素の座と、こうして次々に結びつける。感覚与件と時―空との総体的連関は、同時的であるとともに先立つ特定の領域とのめくるめく多彩な連関に分析することができる。[PR 313-314]

結論からいえば、知覚経験のこの「現れ」を現れとしてもたらすのが命題である。「緊張」(strain) とは、ホワイトヘッド哲学のなかでもいまだ解釈が困難な難物であるが、ここでは知覚経験の成立する現場だと考えてもらいたい。この場において、感覚与件と座 (=身体)、あるいは感覚与件と焦点的領域 (=「そこ」に何を感じるかという空間的領域、あるいは何かを感じる領域としての「そこ」のこと) との結びつきに命題的感受が関与していると述べている上記の引用は、この知覚の現場において命題が与件として感受されていることを示唆する。すなわち、この緊張の場所において命題が機能を果たしていることがわかる。椅子を眼で見る場合に、その独特な色や形は、感覚与件が同時的な空間的領域に投影されることによって「そこ」に現れるものとして見られる関係がある一方で、その色や形は過去から継承された要素として眼においても機能し、時空間において同時的な「そこ」にある「見え」が過去の与件を引き継いで成立している眼 (=ここ) に対して持つ関係というものがある。この諸関係が命題として経験に提示される緊張 (strain) の場においてもたらされ、知覚経験が成立しているといえる。

したがって、同時的な空間的領域にある性質や形式が投影され、「そこ」においてそれがそれとして現れるのは、命題が形成されることによって、命題として「そこ」における対象のあり方が「ここ」において示されるからである。それゆえ、ホワイトヘッドの知覚論においては、クオリアは命題として提示されることによって意識的知覚経験に現れるといえるだろう。

椅子を知覚することにともなうクオリアの発生は、一面では上記のようにホワイトヘッドの体系における知覚の現場の成立によって説明することが可能であろう。ただし、一面ではと述べたのは、上記の説明がクオリアの持つその経験に固有かつ独特の質の発生を説明していないからだ。ある経験をその意識経験たらしめる要因は何だろうか。

四　その意識経験が成立する要素としての命題

われわれはさまざまな種類の経験をしている。たとえば、五感をつうじた知覚経験、痛みやかゆみなどの感覚経験、喜怒哀楽といったさまざまな感情の経験、数学の問題を解いているときのような思考の経験、昨日食べた夕食についてなどの記憶の想起という経験、空想上の生き物や図形等のイメージ経験、自分が自分の意識していることを知る自己知の経験などが挙げられるだろう。これらの経験は、それぞれが何らかの経験として特定しうる。ホワイトヘッドの体系において、もろもろの関係から特定の経験をしている主体が生じるには、この主体が何を経験しているのかを限定しなければならない。ここに「命題」(proposition)の役割がある。すなわち命題の中心的な役割は、アクチュアルエンティティがさまざまな関係性のなかから「何を」経験しうるのかあるいはしえないのかをアクチュアルエンティティに提示することである。

プロセスにおける命題を感受する相では、まず分節化の可能性を持つある結合体が端的な指示詞としての「たんなるそれ」(bare it)［PR 258］に還元される。不定の現実世界のうちにある何かを何かとして限定するためには、その何かがまず指定されなければならないからだ。たとえば、大勢の人々が渋谷のスクランブル交差点を歩いている。われわれは行きかう人々についていちいちその人が誰かなどと問わない。だから、そこにいるのは、特定の誰かではなく不定の「人々」である群衆だ。しかし、この群衆のなかから特定の誰かを見つけてそれを示すときには、「あれ」とか「それ」という形でこの群衆のなかからある人をピックアップしなければ、その誰かを特定することはできない。これと同様に、現実世界にある不定のモノたちのなかから何かを特定するためには、まずはその何かが「それ」として指示されなければならない。だから、どのような限定の可能性を持つものであれ、ある不定のモノがまず指示詞としての「それ」に還元されるのである。そして、指示詞に還元された結合体は、「論理的主語」(logical subject) と呼ばれる。

つづいて「それ」である論理的主語が何であるかが限定されなければならない。先ほどの例を続けて用いれば、不特定の群衆のなかから特定された「あれ」や「それ」が何であるかを示さなければならないということである。つまり、それは「サラリーマン」や「高校生」や「警察官」や「外国人」であるかもしれない。そうした特徴を示すことで、「あれ」や「それ」を「あれはサラリーマンである」や「それは高校生である」というように限定をすることができる。つまり、「あれ」や「それ」を述語づけることによって、それらが何であるか限定する。同じように論理的主語である「それ」について、述語づけがなされる。この論理的主語と、先に不定のモノたちに見出された質や形式 (永遠的客体) が「述語的パターン」(predicative pattern) として統合される。その結果、「それはバラである」のような命題ができる。こうして、結合体と永遠的客体とが統合された与件が命題である。そして、この命題は、プロセスにとって現実世界がどのように経験されうるかに関して、「可能的」(potential) なものとしてある。

論理的主語と述語の、結合体と永遠的客体の共在性 (togetherness) は、可能的である。それは、すでに実現されたものとして与えられているのではなく、合生しつつある主体の内で実現可能なものとして提示された共在性である。その永遠的客体が結合体のうちで実際に実現されているか否かは、真なる命題を偽なる命題から区別する付加的な性質ではあるが、そのような命題の本質的性格ではない。[Kraus 95]

論理的主語と述語的パターン、すなわち結合体と永遠的客体とが共在していると言うのは、二つの与件が統合されて命題が成立していることである。上記の引用が強調するように、命題が提示する内容は、すでに実現された事実ではないことに留意したい。たとえば、「それはバラである」という内容を持つ命題が形成されるとする。この命題が示す内容は、バラのイメージ経験における内容であるかもしれないし、現在の知覚経験の内容かもしれないし、過去に見たバラの記憶の内容であるかもしれない。どのような種類の経験においてこの命題が実現されるかは、プロセスのより後続の相における「判断」(judgment)にゆだねられる。したがって、命題そのものは、いかなる種類の経験であれ、アクチュアルエンティティがどのような経験の内容を持ちうるかを提示するにしても、あくまで可能性でしかない。

たしかに論理的主語に還元される以前の結合体は、不定の事実である。しかし、この結合体のうちに「バラ」という永遠的客体が先に見出され、命題の述語的パターンとして機能しているとしても、「それはバラである」というこの命題そのものは確定した事実を表現しているのではない。命題が表現する内容は、あくまでアクチュアルエンティティが経験しうる可能性の一つでしかない。したがって、命題の真偽はこの命題を感受する相では問われない。命題が提示する内容について、プロセスの後続の相において事実である結合体と命題が対照化されることで命題の真偽が決定される。そして、このプロセスの後続の相において生じる、事実である結合体と命題とが対照化される事態そのものが、類的コントラストの成立なのである。

以上より、ある経験をその意識経験たらしめる要因は、プロセスに提示される命題であるといえる。というのも、現実世界の現れ方の可能態としてある命題をプロセスが受容することによって、不定の現実世界がある特定の内容を持った経験要素として現象してくるからだ(9)。したがって、ホワイトヘッドの体系においてクオリアの所在を考えた場合、クオリアが持つある経験をその意識経験とする性質は、ホワイトヘッドの命題に帰せられるといえるだろう。

五　経験の唯一無二性について

しかしながら、クオリアとは、たとえばこの赤いバラのこの唯一無二の赤さという独特の感覚質である。この質についての唯一無二の感じがまだ説明されていない。この点については、アクチュアルエンティティの経験がその都度唯一無二のあり方をして成立する点を根拠として説明することが可能だろう。アクチュアルエンティティは、その生成において「新しさ」（novelty）(10)を志向することはすでに述べた。現実世界（＝過去のアクチュアルエンティティ）のいわばすべてとかかわることによって生起してくるアクチュアルエンティティは、その都度、それまでにあったどのようなアクチュアルエンティティとも程度の差はあれ異なった、唯一無二のものとしてリアリティを獲得する。

> その新しい存在は、それが見出す「多」の共在性であると同時に、またそれが後に残す選言的な多のうちの一でもある。すなわちそれが綜合する多くの存在の間に選言的にある新しい存在なのである。多は一になり、一によって増し加えられる。（PR21）

アクチュアルエンティティは、その生成においては現実世界のすべてとかかわり共在し、自らが展開するパースペクティブにおいてどのような経験を有する主体を目指すのかを限定しながら、その経験を充塡させていく。その結果、そのプロセスにおいて「充足」（satisfaction）という段階に至ると、これまでにあったどのアクチュアルエンティティとも異なった唯一無二の存在としてのリアリティを獲得し、多としての世界における新たな一として加えられることになる。それゆえ、「創造性」（creativity）と呼ばれる宇宙を駆動させる運動とともに生まれる多と一とのダイナミックな転移の繰り返しがアクチュアルエンティティのプロセスの本質ともいえる。したがって、ある経験がそのつど唯一無二のものとして成立するのは、アクチュアルエンティティがこうした運動にもとづいているからである。そうした唯一無二の経験を成立させるアクチュアルエンティティの運動のなかで、特に、その経験を意識的なものとする要素となるのが命題である。

以上より、ホワイトヘッドの体系の中にクオリアを位置づけることができたと思う。アクチュアルエンティティの生成においてクオリアは、何を経験しうるのかという限定的要素としての命題から派生する類的コントラストによってその経験として現れることが説明され、他方でそのつどのアクチュアルエンティティの唯一無二のあり方によって、クオリアが持つその経験に独特の質を説明した。つまり、雑駁な言い方をすればアクチュアルエンティティの生成の中で、クオリアのリアリティは醸成されるといえる。

さらに、命題が物的感受と概念的感受との統合から生じる命題的感受の与件であることから、命題はその成立要因に必ず物的感受のもたらす不定のモノたちとのつながりが必ずある。したがって、不定のモノたちに由来する命題が、クオリアの持つその経験に固有かつ独特な感じをもたらす要因として解釈可能であるならば、クオリアを物的に説明する（クオリアを自然化する）根拠になりうると考えられる。こうして、ホワイトヘッドの哲学が、クオリアについて心の哲学との対話に赴く端緒が開かれたといえるだろう。

おわりに——心の哲学との対話に向けて

本稿は、ホワイトヘッドの体系において、クオリアを扱うための素描を描き出すことを狙いとした。経験におけるクオリアの発生を類的コントラストの感受による意識的経験の発生と重ね合わせ、さらに、ある経験をまさにその意識経験とするクオリアが持つ性質を、命題に由来するものとして説明したことによって、ホワイトヘッドの体系においてもクオリアを扱いうる土台を示しえたと考える。他方で、心の哲学において展開されるクオリアの問題や、意識の自然化といったテーマには、様々な学説が繚乱している。したがって、今後、ホワイトヘッドとともに心の哲学との対話に赴くためには、それらの諸学説と対峙しながら、ホワイトヘッドによる意識の学説を精緻化させていくことが課題となる。論者の見立てでは、ホワイトヘッドによる意識の学説は、現在、心の哲学において意識の自然化に対して有望とされるクオリアの表象説と相性が良さそうである。そのためにもホワイトヘッドにおける意識の哲学を展開していきたい。以降も、心の哲学とホワイトヘッド哲学との対話について論じていくつもりだ。

（1） 引用文献については、［記号 頁数］のように示す。翻訳も大いに利用させていただいたが、地の文との兼ね合いなどにより、字句を変更した箇所もある。訳者の方々に感謝したい。引用文中の傍点は原文でイタリック表記された箇所を、〈　〉は原文大文字で表記された箇所を、……は引用者による省略を示す。
S: Whitehead, A.N., *Symbolism — It's Meaning and Effect*, Fordham University Press, 1955.（『理性の機能・象徴作用』市井三郎他訳、松籟社、一九八一年）

PR：Whitehead, A.N., *Process and Reality; An Essay in Cosmology*, Corrected Edition, Ed. by Griffin David Ray and Sherburne Donald W., The Free Press, 1978.（『過程と実在（上）』山本誠作訳、松籟社、一九八四年、『過程と実在（下）』山本誠作訳、松籟社、一九八五年）

AI：Whitehead, A.N., *Adventures of Ideas*, The Free Press, 1967.（『観念の冒険』山本誠作他訳、松籟社、一九八二年）

Kraus：Kraus, Elizabeth M., *The Metaphysics of Experience：A Companion to Whitehead's Process and Reality*, Fordham University Press, 1998.

（2）ホワイトヘッドの哲学における現実世界とは、生成を終えたアクチュアルエンティティの総体からなり、今、ここで主体を目指し生成し、プロセスの途上にあるアクチュアルエンティティにとっては相対的な過去である。したがって、アクチュアルエンティティの生成は、自らを含む過去の事物との関係から生起してくるといえる。

（3）命題概念についての基本的な理解やこうした解釈の妥当性については、拙著『日常の冒険　ホワイトヘッド、経験の宇宙へ』春風社、二〇二一年の第1章を参照されたい。

（4）複数のアクチュアルエンティティが抱握しあうことによって構成される集合的な集まりのこと。

（5）命題とそこから派生する現象については、拙著『日常の冒険　ホワイトヘッド、経験の宇宙へ』春風社、二〇二一年の第1章1-3を参照されたい。

（6）板橋は西田幾多郎の述べる「永遠の今」とホワイトヘッドの語るアクチュアルエンティティが実現する新しさの「強度」（intensity）とを比較検討し、個体の経験の比類なさを論じている。アクチュアルエンティティの持つ「強度」をプロセスの内的充実度と解釈する点については、板橋の以下の論考に負っている。板橋勇仁「比類なきものの強度　西田幾多郎とホワイトヘッドの思索を手引きとして「かけがえなさ」をめぐる倫理へ」（日本ホワイトヘッド・プロセス学会編『プロセス思想』第10号、二〇〇二年）六六—八九頁。

（7）椅子も椅子を知覚する私もアクチュアルエンティティであり、各々のアクチュアルエンティティはそれぞれが固有の「今、ここ」において生成する。したがって、「現在」はそれぞれのアクチュアルエンティティにとって相対的なものとなる。

（8）つまり、椅子にとっての現在の状態を知覚主体としての私の今において、とらえることはできない。

（9）ただし、意識に現象するのは命題そのものではなく、類的コントラストである。この点についての詳しい説明は、拙著『日常の冒険 ホワイトヘッド、経験の宇宙へ』春風社、二〇二一年の第1章1-3を参照されたい。

（10）何かと関係するという積極的なかかわり（feeling）がある一方で、あるものとかかわりをもたないという否定的なかかわり方として「消極的抱握」（negative prehension）もある。現実世界に対してアクチュアルエンティティは両者のかかわり方を持つことによって、総じて現実世界全体とかかわっているといえる。

参考文献

Chalmers, D., *The Conscious Mind : In Search of a Fundamental Theory*, Oxford University Press, 1996.（デイヴィッド・J・チャーマーズ『意識する心―脳と精神の根本理論を求めて』林一訳、白揚社、二〇〇一年。）

Chalmers, D., *The Character of Consciousness*, Oxford University Press, 2010.（デイヴィッド・J・チャーマーズ『意識の諸相〔上・下〕』太田紘史、源河亨、佐金武、佐藤亮司、前田高弘、山口尚訳、春秋社、二〇一六年。）

Crane, T., *The Mechanical mind – A Philosophical Introduction to Minds, Machines and Representation*, Penguin Books, 1995.（ティム・クレイン『心は機械で作れるか』土屋賢二監訳、勁草書房、二〇〇一年。）

Dretske, F., *Naturalizing the Mind*, Cambridge, MA : MIT Press, 1995.（フレッド・ドレツキ『心を自然化する』鈴木貴之訳、勁草書房、二〇〇七年。）

Harman, G., "The Intrinsic Quality of Experience", *Philosophical Perspectives*, 4 : 31-52, 1990.（ギルバート・ハーマン「経験の内在的質」鈴木貴之訳、信原幸弘編『シリーズ心の哲学Ⅲ翻訳編』、勁草書房、二〇〇四年。）

Kraus, Elizabeth M., *The Metaphysics of Experience : A Companion to Whitehead's Process and Reality*, Fordham University Press, 1998.

Whitehead, A.N., *Symbolism – It's Meaning and Effect*, Fordham University Press, 1955.（『理性の機能・象徴作用』市井三郎他

訳、松籟社、一九八一年。)

Whitehead, A.N., *Process and Reality ; An Essay in Cosmology*, Corrected Edition, Ed. by Griffin David Ray and Sherburne Donald W., The Free Press, 1978.（A・N・ホワイトヘッド『過程と実在（上）』山本誠作訳、松籟社、一九八四年、A・N・ホワイトヘッド『過程と実在（下）』山本誠作訳、松籟社、一九八五年。)

Whitehead, A.N., *Adventures of Ideas*, The Free Press, 1967.（A・N・ホワイトヘッド『観念の冒険』山本誠作他訳、松籟社、一九八二年。)

鈴木貴之『ぼくらが原子の集まりなら、なぜ痛みや悲しみを感じるのだろう　意識のハード・プロブレムに挑む』勁草書房、二〇一五年。

信原幸弘・太田紘史編、『シリーズ 新・心の哲学Ⅱ意識篇』勁草書房、二〇一四年。

実在の経験と根源的相対主義

寺本　剛

はじめに

森岡正博はものの存在が特別に感じられる経験を次のように赤裸々に描写している。

そのきっかけは、以前に述べたホテルの一室での体験だった。私は激しい恐怖に襲われ、バスルームに入って石鹸入れを摑み、床に伏した。そのとき、世界が急に明るく輝きはじめたような気がした。私はバスルームのトイレの便座を握りしめながら、「ああ、なんてこの便座は愛おしいのだろう」と思った。私の目の前にあって、ふだんなら注視することなどまったくない陶器の便座が、いま私にとって、こんなにも愛おしい。ここに便座がある、という言葉にならない感動。いま、目の前に、何かが存在しているということが、それ自体で、この上なく感動的に思えたのだった。そして、もういつまでもそれに触っていたい、撫でていたい、頬を押しつけていたい、という衝動に襲われた。それは、目の前にある変哲もないものから、光が溢れ出ているとしか表現できない情景だった。私は、ただただ、それに触っていたかった。触りながら、いま私がここにいるということ、そして、目の前に存在しているものに触ることができるということを、ただ感謝していた。（森岡 二〇〇三、三二五）[1]

ふつう私たちは、自分が死んだ後にも、自分のいない世界がずっと続くと思っている。しかし、その時には、自分を「死後の世界」に置き入れて、そこから「元いた世界」を眺めた気になっているだけであり、依然として生きている自分の存在を引きずっている。しかし、本当の意味での「私の死」とは、そのように世界を外側から眺めているつもりの自分すら消滅してしまうことであるはずだ。そこでは（実は「そこ」とも言えないのだが）もはや「死後の私」は存在せず、眺められる世界も存在しない。それは、「そこ」とも「それ」とも言えない「ところ」、いわば「絶対無」である。[2]そのことに気づいた時、多くの人は深い恐怖を覚えるに違いない。存在に浸りきって生きている私たちにとって、絶対無は想像を絶しており、死によってそのような未知の状態（実は「状態」とも言えないのだが）に否応なく「飲み込まれる」のだから、恐ろしくないわけがない。森岡がここで「激しい恐怖」と呼んでいるのはこのような絶対無に対する恐怖である。そして、この絶対無の想定（想像を絶しているので、想像ではない）とそれに対する恐怖を背景にした時、目の前に存在するものひとつひとつが、そして存在する世界全体が独特の存在感で立ち現われる。それは存在しないこともできたし、いつ消滅してもおかしくないのに、いまここに、奇跡的に、存在する。その意味で、そこで経験される存在は有難いものであり、尊く、愛おしく感じられる。

私も似たような経験をしたことがある。その時には、森岡が描写するように、すべてのものが思わず触れたくなるほどの存在感で立ち現われた。もっとも、私の場合には、森岡が記述するほどの強い感情は伴っていなかったように思う。それは、絶対無に対する意識がさほど明確でなく、それに対する恐怖というよりも漠然とした不安が背景にあったからかもしれない。あるいは、そもそも死や絶対無に対する恐怖ではなく、まったく別の要因が背景にあったからかもしれない。詳しい事情は今から振り返ってみてもあまりはっきりしないのだが、それ以降もその経験はそれとわかるかたちで繰り返され、私にとって馴染みのものとなった。

こうした経験は、特定の人に限られたものではないと私は思っている。自分の死を意識しないような人はほとんどいないだろうし、「絶対無」とまではいかなくても、その気配ぐらいは感じ取る能力が誰にもあるのではないだろうか。また、死を意識するといった特別な場合でなくても、何かのきっかけで、ふと日常生活のモードから外れてしまい、慣れ親しんだ世界を少し離れたところからまじまじと眺めてしまうといったようなことは、時折起こっているように思える。そうした時には、普段の実践的な目的の観点で捉えられていた存在が、その枠組みから外れてそれ自体として際立って見えてくる。本稿では、理由や原因はどうあれ、このように世界やものごとが特別な存在感とともに立ち現われる経験を「実在の経験」と呼ぶことにしたい。ふつうに生きている時、私たちは「実在」などという大袈裟な言葉はあまり使わない（寺本 二〇二二）。しかし、以上のようなかたちで存在が強烈に感じられる経験は、非日常的で特別なものであるがゆえに、そうした大袈裟な言葉をあてがってもおかしくはないように思う。また、その際には、日常生活に紛れていた存在が、それ自体として浮かび上がってくるのだから、そこで経験される存在を、隠されていないありのままの姿という意味で「本当の存在」すなわち「実在」と言っても言い過ぎではないだろう。あるいは、その経験において、「何も存在しなかったかもしれない」といった背景とコントラストをなして「現にある」「実際にある」というかたちで存在が与えられるのだとしたら、その意味でもその経験は「実在の経験」と呼ぶに相応しいものだと思われる。

ところで、こうした実在の経験に照らして見ると、いわゆる実在論というのは奇妙な立場である。実在論は、ものや世界が私たちの経験から、あるいは、他のものとの関係から切り離され、それらを超越して存在すると主張するが、なぜ経験や他の存在から隔絶されたところに「本当の存在」を想定しなければならないのかがよくわからないのである。(3) 目の前に紛れもなく存在を見てしまう者からすると、世界やものは手のとどくすぐそこに存在しており、それを超絶した「向こう側」(あるいは「裏面」(4))は、何かが「ある」とか「ない」とか言うことすら意味をなさない絶対無である(中村 二〇二〇)。あるいは、「向こう側」が絶対無だと思うからこそ、目の前の存在が「実在」として経験されもする。いずれにしても、「向こう側」に「ある」のだとしたら、それは無であって、存在ではないはずだ。それなのになぜ実在論者は「向こう側」に存在を置き入れたがるのだろうか。

あるいは、実在論者は、私たちがまったく経験できないような何かが存在するかもしれないとか、私たちが見知っている馴染みのものですら私たちが絶対に関わることのできないような側面を有しているということが言いたいのだろうか。しかし、私たちの能力が有限である以上、そのようなことは当然のことであって、込み入った説明を必要とするようには思えない。そのことを示すために、存在をあらゆるものから完全に切り離す必要があるだろうか。

私は、何かが私たちから完全に切り離されて存在するかどうかといった問題は、存在についての哲学的議論の主戦場ではないと考えている。実在の経験がもたらされない限り、存在そのものに着目し、それについて哲学的に問う必然性はない。また、実在の経験がもたらされた場合には、ものや世界が最もありありと目の前に存在しているのだから、それが存在するかどうかとか、私たちの経験を超絶しているかどうかといったことを論証しようとする哲学的動機は生じて来ないように思われる。むしろ、私たちがその際に取り組むべきは、普通に生きていたら問題にすらならない存在が、なぜその時にはそれ自体として際立ってくるのか、その特別な出来事は本質的にどのようなものなのか、ということを当の経験の記述・分析を通じて理解することではないか。以下では、私が暫定的に「根源的相対主義」と呼ぶ立場から存在の問題を考えるとどうなるのかを説明し、それを踏まえた上で、実在の経験の記述や描写こそ存在についての哲学的探求が取り組むべき課題であることを示そうと思う。

一　実在論と二元論的説明

普通に生きている時、私たちは身の回りのすべてのもの、そして、この世界全体が存在しないなどとは思っていない。少なくとも私は、世界やものが存在していないかのように振る舞っている人を見たことはない。そんな振る舞いをする人はそもそもこの世界で生きていくことなどできないだろう。それは、世界や物の存在に疑問を投げかける観念論者や懐疑論者であっても同じである。そうした人たちは、世界やものの存在を原理的に疑いうると考えているだけであって、その振る舞いをはたから見れば、彼らが世界の存在を本気で疑ってなどいないことがわかるはずである。このような意味で、「世界やものが存在しない」ということがどんなことなのか想像がつかないくらいに私たちはそれらの存在を自明のものとして受け入れてしまっている。「実在論」というのが、ものや世界の存在をこのように端的に受け入れている状態のことを指すならば、誰もそれを否定したりはしないだろう。もっとも、存在についてのこうした普通の感覚は、常識と呼ぶのも奇妙なくらいに自明のことであって、そうした自明な存在を「実在」などという言葉で表現するのはいかにも大袈裟だし、またそのような自明な存在について語ることを実在「論」と呼ぶのもどこか言葉のチューニングがずれている気がする。それゆえ、私たちがものや世界の存在を端的に肯定している自然なあり方を「実在論」から明確に区別して、「存在の自明性」と呼ぶことにしよう。

ところで、このように存在を自明視している時、私たちはものや世界が、すべてではないにしても、私たちから離れて存在すると思っている。私の身の回りにあるものは、私ではなく、私とは別の存在であり、私から切り離されている。このことはそうしたものが基本的に私の思い通りになってくれないことからも明らかである。これは世界についても同じであって、私はこの世界の中に生まれてきたわけだが、だからといって私は世界そのものではなく、私が死んでしまってもそれとは関係なく世界は存続すると思っている。実際、世界の方は私の思惑とは関係なく、その在り方を変えたり変えなかったりするのであり、だからこそ、世界と私とは切り離された存在であり、今はたまさか私がその中に存在しているに過ぎないと通常は考えるのである。このようにものや世界が私たちから離れて存在しているあり方をここでは「存在者の離在性」と呼んでおこう。

実在論は存在の自明性と存在者の離在性を前提とし、それを説得するために生じた哲学的立場だと考えられる。以上の二つの直感はごく自然で、当然のものであり、本来であればそれを人々に説得する必要などないのだが、この世界のあり方を根本から問い直し、包括的に説明することをめざす哲学では、これらの直感も手放しで受け入れることはできず、批判的検討に服さなければならないとされる。だからこそ、そうした批判を斥け、首尾一貫した説明によって、存在の自明性や存在者の離在性を説得しようとする哲学的立場にそれなりの存在意義が認められることになる。

実際、よく考えてみると、日常生活の中にも、存在の自明性や存在者の離在性を疑わせるきっかけがある。私たちは毎晩眠りにつき、ときに夢を見るが、この事実を足掛かりにしてこれらの直感を覆すことは原理的に可能である。すなわち、今こうして目の前にあるものや世界は実は夢かもしれない、それらがいくらリアルに見えても本当はそうではないのだ、と考えてみればよい。このような想定は、一見すると馬鹿馬鹿しいものかもしれないが、原理的にはこれを誰も否定できない（Stroud 1984）。自分が夢を見ていることは、その当の夢の中では証明できず、夢が覚めた時にはじめて明らかになるからだ。また、私たちはさまざまな錯覚をするし、視力が落ちてものがぼやけて見えてくることもある。こうしたことから、実際に存在するように感じられるものでも、実はそれは私たちが自分の感覚を複合させて構成したものであり、私たちに感じられるがままには存在していないかもしれない、あるいはそもそもまったく存在などしていないかもしれない、と疑うことはどこまで行っても可能である。誰も自分の感覚を超え出ることができず、何かの存在を確認しようとしたら、必ず自分の感覚を頼りにするほかないからだ。このように、すべてのものは夢や知覚像のような「主観的な表象」というかたちでのみ与えられているという見方は原理的に否定できないため、哲学的考察の一つの前提として機能する力を持っている。ここではこのような見方を「表象主義」と呼ぼう。表象主義は、私の主観的表象によってのみ知識が与えられると考えるため、自明だと思われた存在が実は私の主観的表象に過ぎないのではないかという疑念を増幅し、存在の自明性と齟齬をきたす。また、すべてが私の主観的表象であるならば、それは私のものであって、私から切り離されて存在していないことになる。この意味で表象主義は存在者の離在性とも齟齬をきたす。ものや世界の存在を説得的に説明するには、こうした齟齬を解消する必要が出てくる。

存在の自明性、存在者の離在性、そして表象主義という三つの直感を両立させる最も素朴な哲学的テクニックが、実体と現われの二元論である。実在論は、さまざまな形態があるにしても、結局はこの二元論の枠組みを前提にした考えの一つと見ることができる。表象主義に従えば、主観的表象の向こう側に私たちは出られない。しかし、存在の自明性の観点から見れば、ものや世界が存在するのは動かし難い事実だ。また、存在者の離在性の観点から見ても、ものや世界は私とは別の存在なのだから、私の一部である主観的表象ではなく、私から切り離されているはずである。だとすれば、主観的表象の向こう側にものや世界が私たちから切り離された実体として存在し、それが感覚器官を触発することによって、私たちに主観的表象として現れると考えれば、存在の自明性と存在者の離在性を維持しながら表象主義的事態を説明できることになる。このように、現象である主観的表象の向こう側に実体、すなわち本当の存在としての実在を想定することによって、表象主義を受け入れながら存在の自明性と存在者の離在性を確保しようとするのが実在論が背景とする二元論的な説明の基本的な発想である。

もっとも、容易にわかるように、このようなやり方は表象主義の含意を十分に汲み取っていない妥協の産物である。主観的表象の向こう側に私たちが出られない以上、そこに何らかの実体が存在しているかどうかは知りようがないからである。この点を突かれた時にできるのは、ただ、「ものや世界は本当に存在するのだ」と断定したり、「説明のためにそれが哲学的に要請される」と強弁したりすることくらいであろう。これでは存在の自明性ならびに存在者の離在性と表象主義の間にある齟齬をうまく解消できているとは言えない。実在論が「実在」論という名で呼ばれる理由の一つはここにあるかもしれない。ものや世界の存在を十分に説明できているのであれば、それらが「存在する」と言えば済むのであって、わざわざ「本当に存在する」すなわち、「実在する」と言い張る必要はない。その説明が不十分であるがために、「実在」という大袈裟な言葉を使ってものや世界の存在を訴えなければならなくなる。「実在論」という名称は、実在論が存在の説明として不完全であることを暗に示してしまっているように思われる。

二　存在の根源的相対主義

二元論を背景とする実在論の問題点は、表象主義を十分に吟味せずに前提していることにある。たしかに、今私が夢を見ているかもしれないという可能性は否定できない。だが、そもそも夢が夢であるためには「夢から覚めた」とか「今は起きている」といった経験、すなわち「現実」の経験がなければならない。夢は現実と対比されてはじめて夢でありうる。一方、現実が現実として意識されるためには、夢を見たり、眠ったり、気絶したり、少なくともぼんやり考えごとをしたりした経験がなければならない。このようなコントラストがなく、ただ「覚めない夢」を見続けているのだとしたら、それはもはや現実とは区別がつかず、現実を生きているだけというこことになってしまうだろう。このように、「すべては夢なのかもしれない」といった疑念が理解可能（真に受けないとしても）であるためには、夢と現実を行き来したことがあり、夢との比較で現実を知り、現実との比較で夢を知るという「夢と現実の相対的区別」を経験していなければならない。「すべては夢なのかもしれない」という疑念は、このような夢と現実の相対的区別を前提とし、それをある方向に追い詰めていってすべてを夢として想定した時に出てくる極限事例である。

知覚像についても同様のことが言える。何かを見間違えるという経験から「すべては私の主観的な知覚像の合成にすぎない」という想定に至ることはできるし、その可能性は否定できない。しかし、そのような想定ができるためには、何らかの「実物」を「経験している」のでなければならない。「幽霊だと思ったら垂れ下がる柳の枝だった」という経験は、エドムント・フッサールの言葉を使えば、経験の暫定的なゴールにおいて柳の枝が夢でも想像でも幻でもなく「それ自身そこに」「直接に直観的に」「オリジナルとして」与えられる（Husserl 1963, §24, Husserl 1976a, §43）からこそ成立するのだし、大森荘蔵に従うならば、最終的に柳の枝が紛れもない「実物」として「立ち現われる」（大森 一九七六）からこそ成立する。実物と「単なる見え」が経験の中で相対的に区別されるからこそ、「単なる見え」が「単なる見え」でありうるし、実物が実物でありうるのであり、そうした相対的区別の経験をある方向に追い詰めた末に出てくるのが「すべては私の主観的な知覚像の合成にすぎない」という極限事例なのである。

以上のような極限事例は、夢と現実、単なる見えと実物の相対的区別が成り立っていなければそもそも成立し得ない。もちろん、これらの区別が相対的なものである以上、厳密に考えれば、特定の経験が、他の経験との関わりや対比なしで、絶対的に夢であり、絶対的に現実であるということが確定しているわけではなく、その身分は暫定的である。とはいえ、私たちは、ふだん生活している時には、このような相対的区別や暫定性で十分に満足しており、そこから極限事例へと推論を進めて絶対的な状態を想定し、それを基準にして目の前の何かが夢であるか現実であるかを確定しようとすることは基本的にない。小腹が空いてお煎餅を食べようとする時に、それが本当にお煎餅かどうか、あるいは、そもそもそれが存在するかどうかを徹底的に検証してから食べるような人はまずいないだろう。お煎餅を見ればそれがお煎餅だとわかり、手にとって二つに折ればパリッと割れ、噛めばしっかりした歯応えとともに醤油の味と香りがし、食べてしまえばお腹がそれなりに満たされる。それがお煎餅が実物だったということであり、それを超えてお煎餅が実在するかどうかということなど考えもしないし、それを心配する人がいたら、もっと他に心配すべきことがあるだろうと思ってしまう。存在の自明性として私たちが端的に受け入れているのは、このような相対的な確かさであって、絶対的な確かさではない。もちろん、「相対的な確かさ」と言っても、私たちはそれを「相対的な確かさでしかない」などとは思っておらず、むしろそれを自明視しており、その意味では絶対的な信頼を置いている。ただ、その確かさは、実在論者が追い求める達成不可能な基準で見れば相対的なだけだ。だから、ほとんどの場合に私たちは、そうした相対的な確かさが得られれば、少なくとも実践的な見地からは十分に満足するし、逆に、そのような満足を与えてくれるものを存在するものとみなしているのである。

従って、表象主義に対抗して存在の自明性や存在者の離在性を説得するために経験を超えた絶対的な存在を想定するのはおそらくはじめから見当違いである。自分たちが表象と実物を相対的に区別しており、しかも、生きていく上で存在の相対的ないし暫定的なあり方で満足していることを思い出して確認するだけで表象主義は無害化できるからである。しかし、実在論は表象主義に対抗するために、存在の自明性において当たり前に受けいれられている存在と非存在の相対的区別を表象主義とは正反対の方向、すなわち、存在の方向に向けて極限まで突き進んでいく。そうしてようやく現れるのが存在の極限事例である絶対的な存在としての実在である。そしてその実在は私たちが存在の自明性や存在者の離在性において経験している存在ではない。というのも、それは経験もできないような何かになってしまっていて、決して届かない彼方まで離れてしまっているからである。もし本当に「決して届かない」のだとしたら、それは「離れている」と言うことすら意味をなさないのではないだろうか。

以上のことからわかるのは、存在の問題に白黒つけようとすることが実在論の難点だということである。私たちは本当は白でも黒でもないグレーゾーンに生きている。しかも、そこはグレー一色ではなく、多種多様な濃淡のコントラストで成り立っている複雑で入り組んだ世界のはずだ。表象主義はあたかもそれをすべて消して真っ白な紙に戻そうとするかのようであるし、実在論はそれに対抗してあたかもその光景を真っ黒に塗りつぶしてしまうかのようである。もちろん、そうしたことは原理的にはできるのかもしれないが、そうしてしまったら、存在の自明性において受け取られている様々なものや世界は姿を消すだろう。それらは白と黒のコントラストによって可能になっているからである。このように、存在の自明性を適切に表現しようとするならば、白か黒かという絶対的な答えを出すことは間違いの元である。また、存在を説明するためにも、また絶対的な答えを出そうと試みるためにも、白と黒の両方が互いに際立てあって経験されるという状況が根源的な出発点として成立していなければならない。一般に、何かを説明するにあたっては、絶対的な何かを探し当て、それによってすべての事象を根拠づけるということがなされるが、少なくとも存在の問題に関しては相対的な状況を絶対的な基盤として受け入れるという逆説的な態度が求められる。このような態度を本稿では、あまりこなれない用語で恐縮だが、暫定的に「根源的相対主義」と呼ぶことにする。この考え方は、先に示唆したように、フッサールの現象学

(Husserl 1976b, §34, §45)[5] やそのエッセンスを独自の仕方で展開した大森の立ち現われ一元論（大森 一九七六）において強調されてきたことである。存在の問題を考える上で基本的にこの考え方が最も説得力のあるものだと私は考えている。

三 グレー化の危険

もっとも、根源的相対主義は、それはそれで、別の絶対化の危険をはらんでいる。先程の白と黒の比喩を使うならば、根源的相対主義は白と黒の相対的区別をグレー一色に塗りつぶす可能性があるのだ。このことを見るために、便宜上、大森の立ち現われ一元論の議論を見てみよう。

例えば「幽霊だと思ったら実は垂れ下がる柳の枝だった」という知覚経験の説明においては、最終的に柳の枝という実物が知覚的に立ち現われる。もちろん、その最終的な立ち現われもその後の経験の流れによって阻却・修正される可能性があり、その意味では、そこで立ち現われる柳の枝の存在は実在論者が要請するような絶対的な存在ではない。とはいえ、そのような阻却・修正はいつも起こるようなものではないし、起こったとしても、何か別の実物がそこに登場したり、目当てのものが「ない」ということが確認されたりして、経験の系列はそこでもまた暫定的ではあるがそれなりのゴールを迎える。例えば、幽霊だと思ってよく見ると実は柳の枝だったのだが、柳の枝だと思っていたら、柳の木の影から幽霊がヌッと現れたとすれば、それははじめから幽霊が存在し続けていたことになる。この場合、最初に見た幽霊の立ち現われはその後の経験の成り行きによってその意味や価値を変え、「実物」から「見間違い」へ、さらに「見間違い」から「実物」へと事後的に修正されることになる。このように、大森はその都度の立ち現われが、連続的かつ整合的に結びつきあって体系をなし、同じ対象としての存在が増強されたり、ある立ち現われが相対的に強い体系的結びつきから外れて孤立し、「見間違え」と見なされたりするとし、そのことによって「実物」の客観性や「見え」の主観性を説明する。このシステムにおいて、立ち現われはそれ自体としては主客未分の中立的な存在として想定されており、絶対的な意味で客観的とまではいかないが、特定の個人の心に属する主観的表象でもない。この主客未分の立ち現われが経験の進行の中で、他の立ち現われと体系的に結びついたり、結びつかなかったりすることで、実物として位置づけられたり、「単なる見え」としての主観的表象として位置づけられたりすることになる。ここでは、いわば、白と黒のコントラストをまずはグレー一色にしておいて、そこから改めてコントラストをつけていくということが行われていることになる(6)。

しかし、このような説明の仕方は少なくとも二つの誤解を生じさせる危険がある。第一に、主客未分の立ち現われは物質でも心的なものでもない何か得体の知れない中間的媒体のようなものとして捉えられ、それが表象と同一視される危険がある。立ち現われ一元論は表象を積み上げることで物質的な対象が構築できると考えるような表象主義の亜種や変異種と誤解されてしまうのである(7)。第二にこうした得体の知れない主客未分の中間物から出発して実物と「見え」の区別を説明しようとすると、どうしてそうした区別が生じるのかという疑問を呼び起こす可能性があり、そこには二元論的実在論が入り込む余地がある。グレー一色から濃淡のコントラストが生じるための原因として、その向こう側に実体としての実在を想定する隙が生じてしまうのである。

以上のような誤解を回避するには、相対的な状況の根源性をしっかりと堅持し、主客未分の立ち現われ群を究極的な存在として実体化・絶対化しないように気をつける必要がある。そのためにも、主客未分の立ち現われ群という極限事例は、存在の自明性において実物と単なる見えが相対的に区別されたり、その区別が経験の流れの中で揺れ動いたりすることを見えやすくするための試薬のようなものとみなした方がよいと私は考えている。そのような極限事例が想定できるためにも、まずは存在の自明性において実物と単なる見えの相対的区別がそれなりに安定したかたちで経験されていなければならない。主客未分の立ち現われもまた、存在の相対的区分から抽象化というかたちで引き出されてきたものなのである。

四　根源的相対性から見る存在

では、以上で見たような三つの絶対化を避け、根源的相対性にとどまって、存在を理解するとどうなるだろうか。私たちが生きているのは、夢と現実、単なる見えと実物とが相対的に区別されている状況である。現実や実物は、いつでも夢や単なる見えであったことが明らかになる可能性に開かれており、その意味でその存在の身分はいつも暫定的である。別の言い方をすれば、私たちはかなり根本的なレベルで不確実性に取り囲まれているのである。しかし、これはその都度の経験や存在者の存在の身分が暫定的であり、不確実であるということであって、表象主義の言うような意味で、すなわち、私たちの心に内在するという意味で主観的だということではない。むしろそのような観点から見れば私たちが日頃経験する存在の多くは十分に客観的である。それは実在論者が要求する絶対的存在の基準を満たすことができないというだけなのである。普通に生きている時には、経験は滞りなく進み、私たちはその暫定性を意識することなく、現実や実物の存在に全幅の信頼をおいており、それでまったく問題はない。それに、経験が頓挫し、何かが夢や単なる見えだとわかれば、それに代わる別の、それなりに信頼性のある現実や実物がとって代わる（目当てのものが「ない」こともそうした経験の一例である）。そうでなければ、そもそも前の経験が夢や見間違いになることはなく、それが現実や実物として経験され続けていたに違いない。

この点で、私たちの経験は二つの密接に連動するレベルで安定している。まず、夢と現実、単なる見えと実物という区別の枠組みやその枠組みに経験を分類するシステムが安定して維持されている。だからこそ私たちには与えられた現実を、夢や見間違いとして経験の中に位置づけることができる。その一方で、私たちの普通の経験は、この区別自体を崩壊させない程度に、経験的・事実的にも安定している。すべての経験が一貫性を欠いたカオスになり、私たちの想定を絶えず裏切り続けることになれば、夢と現実、単なる見えと実物という区別の枠組み自体が無意味なものとなり、自ずから崩壊するだろう。夢と現実、単なる見えと実物が相対的に区別されるという状況が事実上安定して与えられているからこそ、これらの枠組みが意味をなし、夢を夢として、現実を現実として位置づけることが可能になる。以上のような二つの連動するレベルで私たちの経験が安定したものでなければ、そもそも何かが存在するとかしないということを問題にすることすら意味をなさなくなるのである。

このように私たちは以上のような事実上揺るぎない相対的区別に「安住」している。存在の自明性とはこのような安住の状態を端的に表現する言葉だと言えよう。もちろん安住と言っても、その中で安心して幸福に生きられるという意味ではない。それはただ、「世界が存在しないかもしれない」とか、「全部夢かもしれない」などといった疑念を真に受けることがないという意味で安定しているということであって、そのような安定した世界の中で不運や不幸に見舞われ続けるという可能性は十分にある。そんな時、人は「これは夢ではないか」「夢であってほしい」と思うに違いないが、まさにそのことがこの世界の存在を紛れもなく示していることになるし、それが幸いにも夢であったならば、その時にはすでに、それを夢として位置づけるのに十分な現実が不可避的に与えられているのである。こうなると実在論の出る幕はないように思えてくる。ものや世界が存在しないかもしれないなどと迷う必要はなく、わざわざ「本当にある」と主張する必要もないからである。

根源的相対主義をとれば、存在者の離在性についてもやはり以上のような相対的区別から出発して事態を理解することになる。私たちは普通に生きている時には、ものや世界が自分自身ではないと思っている。もしそれらが自分自身であったなら、私たちはそうしたものに煩わされることもなく、それゆえ、なんの意識もなく、「安寧に」存在していただろう。一方で、それらは私たちから完全に切り離されたものではない。完全に切り離されているのであれば、私たちとは無関係なのだから、やはりそれらに煩わされることなく、私たちは「安寧に」存在していただろう。しかし、実際には、このどちらでもない。私たちはそれらと相対的に区別され、程度の差はあれ、関係しうる程度に離れている。だからこそ、私たちは基本的に他の存在者からの影響に対処したり、それらと共存するために努力しなければならなかったり、それらに命を奪われたりする可能性もあるし、他方で、こちら側が他の存在者を利用したり、それらと協調したり、場合によっては滅ぼしたりする。このように完全に切り離されるでも、完全に一体化するでもなく、程度の差はあれ「適度に」分たれているからこそ、私とその他の存在者は「離れて存在する」のであり、その距離が失われれば「離れて存在する」ことすらできなくなってしまうのである。ここでも実在論の登場する隙はない。私たちと他の存在者が離れているからと言って、両者を完全に切り離してしまう必然性はない。また、そのような極端な想定をするとしても、それは私たちが他の存在者と適度に離れているという安定した事実を足掛かりにして、ようやく可能になる。実在論者がこうした事実では満足できず、今述べたような極端な想定へと突き進みたいのであれば、そうするだけの十分な理由を示す必要があるだろう。

では、このような日常生活のレベルの話ではなく、より高次の真理の探求を行う自然科学の場合はどうだろうか。私たちは日常生活の相対的な確かさでは満足せず、そのレベルを超えて、絶対的な確かさを求めたり、自然に関わる様々な現象の「本当のあり方」、「実相」を明らかにしたりしようとする。その営みの中には実在が登場する余地があるのではないか。たしかに、いかに科学が進歩しても、世界はあまりに複雑で、新しいことが明らかになればなるほど、さらにわからないことが出てくる。それは私たちの有限な知識や理解力を凌駕しており、その意味で自然の世界そのものは私たちを超越している。とはいえ、自然を科学的に探究するためには、当たり前だが、自然が私たちにアクセス可能でなければならない。あくまで私たちは、目の前にあり、経験できるこの自然を相手にしているのであり、それが私たちの知識を圧倒的に超えているからといって、それを経験不可能な実在にしてしまえば、自分たちが何をやっているかわからないということになってしまうだろう。「自然の本当のあり方」「自然の実相」という意味での「自然の実在」は科学的探究という実践が最終的にめざす究極の目標、理念として想定されているものであって、それがはるか遠くにあるからといって、研究対象である自然が私たちと無関係に存在しているわけではない。また、そうした絶対的な確かさや真相の解明を目標として掲げているものの、それはあくまで究極的な理想であって、実際には、相対的に確認可能な有力な証拠に辿り着くことで一定の目標を達成し、当座はそれで満足するというのが科学の進歩ではないだろうか。科学というものが経験科学のことだとすれば、そのような構図が本質的に運命づけられていると考えざるを得ない。むしろ、このような暫定的な立場に立たされ続けるという現実が、真相の完全な解明を理想として掲げる動機になっているようにも思える。その意味で、日常生活から離脱したかに見える科学的探究もまた根源的相対性を出発点として、その基盤の上で営まれると見るべきだろう。

五　根源的相対主義の位置づけ

根源的相対主義はひょっとすると不可知論の一種とみなされるかもしれない。根源的相対主義は、実体や実物が経験を超えて実在するかどうかは原理的に知り得ないと考えており、だからこそ、夢と現実、単なる見えと実物との区別を相対的なものとみなしている、と解釈することもできるからだ。

しかし、このような解釈は誤解である。根源的相対主義者は、経験を超えた実体の存在やその認識可能性について中立の立場をとっているわけではない。根源的相対主義者にとって、存在は、たとえそれが嫌でも避けがたく与えられているものである。だから、原理的に手の届かないところに何かが実在するかどうか、それが認識可能かどうかと問うことやその問いに応答することの重要性がよくわからず、その問題について立場を明らかにせよと言われても、答えようがないのだ。根源的相対主義者に対して、「あなたは実在論者ですか、それとも不可知論者ですか」と問い訊ねるのは、お酒（アルコール飲料）が飲めない人に「あなたはビール党ですか、ワイン党ですか、日本酒党ですか、それともどれがいいか決められませんか」と尋ねているようなものである。下戸の人にはこの選言的な問いのなかに選べる選択肢はない。そもそも飲めないし、美味しさがわからないから決めようがないのである。だから「すみません、私はお酒が楽しめないんです」と答えるしかない。これと同様に、「あなたは実在論者ですか、観念論者ですか、それとも不可知論者ですか」という選言的な問いには根源的相対主義者が選べる選択肢はない。「すみません、私はその問題の重要性がわからないんです」と答えるしかないのだ。実際、根源的相対主義者にとっては目の前のりんごが実体として実在するかどうか、あるいはそれがわからないとするかどうかはどうでもよいことである。それを実在すると記述しようが、実在しないと記述しようが、あるいはそれはわからないとしようが、そのことは目の前のリンゴに重要な変化を何らもたらさない。そうしたことに関わりなく、私たちはそれを食べたり、眺めたり、誰かにあげたり、その絵を描いたり、その成分を分析したり、その存在に驚いて呆然としたり、その存在そのものを愛しんで撫で回したりすることができる。すなわちそのリンゴは存在するのであって、それ以上の「本当の存在」を想定するかどうかは、せいぜいのところ趣味や好みの問題にすぎないと考えるのである。

あるいは、根源的相対主義は還元主義の一種として批判されるかもしれない。実在の絶対性を強調する実在論からすれば、どのようなかたちであれ、実在をより身近で、より下位の層に属する別の何かに置き換えたり、それに関係づけたりして説明するのは悪しき還元主義である。実在は他のものに還元できないからこそ実在なのであり、他のものと関係づけて説明してしまった途端、実在の実在性は取り逃がされてしまう。この批判は根源的相対主義にも向けられうる。実在論からすれば、根源的相対主義は、それ自体で独立した絶対的な存在を、コントラストによって際立つ相対的な存在の極限事例として説明している。しかし、実在論者からすれば、絶対的な存在は相対的な存在の延長線上にはなく、そこには絶対に超えられない断絶がある。根源的相対主義者が相対性と結びつけて説明した「絶対的な存在」は絶対性（実在性）を欠いた紛い物、魂のこめられていない仏だということになる。

根源的相対主義は還元主義なのだろうか。答えは、イエスでもありノーでもある。根源的相対主義からすれば、そもそも絶対と相対という区別自体が相対的なものである。実在論者は絶対的なものと相対的なものとが絶対的に区別されなければならないと考えるが、絶対的なものを相対的なものから区別する時点で、すでになんらかの相対性が前提とされているし、その対比において相対的なものが絶対的なものの引き立て役になっているのではないだろうか。例えば、実在の経験を「実在の経験」という大仰な名称で呼んだのは、それが日ごろ頻繁に経験することのない非日常的で特別なものだからだ。その特別さは日常の平凡な経験があってはじめて際立つ。すなわち、実在の経験が実在の経験であるためには、日常の経験（根源的相対性に安住している状態）が安定して続き、それがある意味で一時的に破られることで、これまで自明視していた存在がまったく別の仕方で見えてくるのでなければならない（寺本 二〇二一）。また、森岡の事例が示すように、実在の経験は絶対無という背景がある場合に強烈に際立ってくる。何もないという背景があるからこそ、日頃自明視している何の変哲もないものが実在として見えてくるのである。根源的相対主義はこのように根本的なレベルで相対性が成立していると考える点でも、絶対的なものが相対的なものと対比されることで理解可能となると考える点でも、絶対性を相対性によって説明しており、その意味では還元主義的かもしれない。しかし、他方で、根源的相対主義は、その説明によって実在の実在性が失われるとは考えていない。何かが絶対的なものとして与えられるためには、何かとの対比で何かが「絶対」として際立たなければならない。そうだとしたら、絶対的なものを別の何かとのコントラストで説明することは、絶対性を損なうどころか、むしろ絶対性を絶対性として理解するために不可欠である。還元主義が説明対象の本質を無視して、それを強引に捻じ曲げたり、無闇に単純化したりする態度のことを指すのだとしたら、根源的相対主義は還元主義ではない。

とはいえ、依然として次のような問いは可能かもしれない。実在が何かとの対比で実在として際立つことは認めるとしても、絶対無は私たちが決して到達できない「外部」であり、本当の意味で私たちから断絶した絶対的なもの、「実在」ではないか。実在論者は誤ってその絶対的なものに「実在」という言葉をあてがってしまったが、本来実在論者が言い当てようとしていたのはこの絶対無であり、またその絶対性だったのではないか。そして、根源的相対主義ではこのような絶対性・外部性を適切に説明できないのではないか、と。私はそうは思わない。絶対無もまた、根源的相対性との関わりから、またその観点から理解されなければならない。最後にそのことを見ておこう。

六　実在の経験の記述

以上で指摘したように、何かが特別なものとして際立つためには、その背景に特別でない、自明のものが成立していなければならない。私たちが存在の自明性に安住しているからこそ、そこからの一時的な離脱が実在の経験として際立つ。このことは絶対無についても同様に当てはまる。絶対無を想定でき、それを恐れることができるためにも、私たちは存在の自明性にまず安住していなければならない。絶対無の想定とは、そうした安定した状態が根本的に破られるという想定であり、それが可能になるためには、まず破られるものが前提として成立している必要がある。

また、絶対無を想定している時点でもなお私たちは存在の自明性に足場を置いていなければならない。絶対無の想定は安定した状態が破られることの想定ではあるが、あくまで想定である以上、安定した状態が本当に完全に破られているわけではない。絶対無の想定は絶対無の経験ではない。もし世界がいきなり絶対無に飲み込まれたとすれば、私たちは絶対無を恐れるいとまもなく消滅する。だから、絶対無は経験できず、ただ想定としてしか意味をなさない。想定というものが実際の経験に先立ってそれを予想するものなのだとしたら、絶対無を想定している時点では絶対無は「経験」されておらず、まだ私たちは安定した地盤に立っている。その意味でも絶対無の想定はそれが行われるための地盤として存在の自明性を前提としている。

とはいえ、存在の自明性が盤石で、まったく崩れることがなければ、私たちには絶対無を想定することなど考えもつかない。だから、絶対無の想定が可能であるためには、それを促すきっかけが存在の自明性のうちになければならない。そして実際、存在の自明性は盤石ではなく、そこではさまざまなかたちで想定外の出来事が起こる。存在の自明性が安定していると言っても、それは何も起こらないということではなく、想定外の出来事が起こりはするが、私たちを全面的に消滅させるほどではないということなのである。ここでは、存在だけでもなく、無だけでもなく、存在と無の多様なコントラストが無数にある。このように存在と無が互いを滅ぼさず、むしろ際立てあう状態が成立しているからこそ、存在の自明性への安住が破られ、存在そのものを目の当たりにする実在の経験が生じうる。そして、存在の自明性における存在と無のコントラストを無の方向に振り切った時に想定されるのが絶対無である。おそらく私たちは一足飛びに絶対無の想定へと至るのではない。存在と無が互いに際立て合うなかで、自明性が部分的に破れるのを経験するうちに、絶対無を薄々感じるようになったり、あるいは、推測によって明確に意識するようになったりする。比喩的な言い方が許されるならば、無は私たちの身近にはじめから散らばっている。それをひとまとめにして「外側」に追いやったのが絶対無なのではないか。

その一方で、絶対無の想定は存在の問題が向かうべき終着点というわけでもない。実在の経験をする際に、絶対無そのものを明確に意識して想定していることはあるかもしれないが、逆に、それが背景に回ることもある。あるいは、絶対無を意識しているかどうかもわからないまま実在の経験をすることだってあるだろう。そのうちのどれが一番優れているかとか、どれが最初だとか、最後だとかいうことはこの際あまり重要ではない。「実在」も「絶対無」も、実在の経験において存在と無が際立て合う構造をなす要因の一つ（もちろん最も重要な）だと私は考えている。

以上で述べた構図を前提するならば、存在の問題とは、実在の経験における存在と無のコントラストやギャップをどう受け止め、記述・描写するかという問題であることがわかる。私たちは多種多様な存在者に囲まれて、その存在や非存在を想定して生きており、そうした存在者の存否は、私たちが生きていく上で切実な問題である。しかし、それはどこまで行っても存在そのものについての哲学的な問題ではない。実在の経験というかたちで存在と無のコントラストに驚くことがない限り、私たちは存在の自明性に安住しており、存在そのものについて問う動機も意味も生じることはなく、そうした問いの可能性など考えもしない。実在の経験をし、それに驚いてはじめて、存在や実在について問うことができるようになるのだ。そして、実在の経験を経た後で問題にされるべきは、何かが「外側」に「実在」するかどうかといったことではない。実在の経験をした以上、何かが目の前に存在していることは問うまでもない。むしろ、存在が「実在」という特別な仕方で与えられるこの出来事は一体何なのか、それがなぜ、どのような条件で起こっているのか、その経験はどういった性格のものなのかということこそ、私たちが知りたいことであるはずだ。それぞれの実在の経験は、おそらく、存在と無の様々なコントラストやギャップ（日常と非日常、夢と現実、嘘と本当、虚構と現実、心と物、魂と肉体、言語と知覚、偶然と必然、普遍と個別、絶対無と実在、等々）から成り立っている。実在の経験の驚きに忠実であろうとするならば、こうした無数のコントラストを描き出し、それに納得できる説明を与えることこそ取り組むべき課題だと思われる。

実在の経験は、程度の差はあれ、強い印象をもたらす。実在論者は、それにかりたてられて、実在の経験において相対的に際立ってきた存在を、隔絶された絶対的な存在として強調する方向へ突き進んでしまっているのではないか。そうだとしたら、その時点で実在論者は取り組むべき課題を間違えてしまっているように私には映る。なるほど、実在論を実在の経験の記述や描写の一形態として受け入れることはできるかもしれない。とはいえ、その筆致は実在の経験のある一面だけを極端に強調しており、私たちを無用な混乱に迷い込ませるように見えるし、何より、実在の経験を描いたにしてはあまりにシンプルで淡白である。実在の経験の描写は、そこに潜んでいるコントラストと同じだけ多様で複雑なものになるはずだ。その様子は実在論的な「描写」では描ききれないというのが現時点での私の見方である。

（1）　森岡のこの描写は、本稿が論じることがらとは直接関係のない文脈で出てくるものである。しかし、その描写の直裁さは、管見の限りでは、最も際立ったものの一つだと思われる。ここではその描写の力を借りて、本稿の議論の推進力にしたい。森岡の議論の文脈については森岡 二〇〇三、特にその第7章をご参照いただきたい。

（2）　本稿では「絶対無」という概念を使うが、これは西田 一九八七、中村 二〇一九が問題にしているそれと本質的に同じものだと私は考えてはいる。ただし、本稿でのこの概念の使い方は「絶対無」という概念が元来背負っている議論の厚みを度外視した一面的で浅薄なものになっているかもしれない。詳しくは、西田 一九八七、中村 二〇一九の第4章をご参照いただきたい。

（3） 思考と存在の相関から離れた存在は思考することはできない、とするカント以降に影響力を持った思想傾向を、メイヤスーは「相関主義」と呼んで批判しており（Meillassoux 2006, p. 18）、それに共感するかたちで思弁的実在論をはじめとする現在の実在論的傾向が形成されている（飯盛 二〇二〇、第2章、第5章）。私はこのような現代の実在論的傾向に対してもここで示したのと同様の疑念を持っている。

（4） 中村 二〇一九は、どこまで行っても絶対に表に出ることのない背景という絶対無の場所の「特性」を表すために「裏面」という表現を使っている。

（5） Ihde 1990 の第2章の議論は、フッサールの生活世界の概念を相対性の観点を強調して説明しており、参考になる。

（6） 大森 一九七六は「同一体制」という概念を使って、このことを説明している。

（7） このように言うからといって、私は物質や物体の存在を確固とした絶対的な存在として前提しているわけではない。物質と表象の区別もある意味では相対的なものだと考えている。例えば、私たちが経験している物体や私たちの体は、私たちが生きている規模で言えば確固としたものかもしれないし、切実な現実かもしれないが、宇宙全体というシステムやそれが続いている長い時間規模で見れば、生じた途端に消滅する儚い夢、表象のようなものだと言えるだろう。

参考文献

Husserl, Edmund 1963, *Husserliana, Edmund Husserl Gesammeflte Werke, Martinus Nijhoff / Kluwer Academic Publishers :* Bd. I Cartesianische Meditationen und Pariser Vortraege, hrsg. von S. Strasser, 2. Auflage.（エドムント・フッサール『デカルト的省察』（世界の名著51）船橋弘訳、中央公論社、一九七〇年／エドムント・フッサール『デカルト的省察』浜渦辰二訳、岩波書店、二〇〇一年）

Husserl, Edmund 1976a, *Husserliana, Edmund Husserl Gesammelte Werke, Martinus Nijhoff / Kluwer Academic Publishers :*

III/1 *Ideen zu einer reinen Phaenomenologie und phaenomenologischen Philosophie. Erstes Buch*, hrg. von K. Schuhmann（エトムント・フッサール『イデーンI』1、2、渡辺二郎訳、みすず書房、一九七九／八四年）

Husserl, Edmund 1976b, *Husserliana, Edmund Husserl Gesammelte Werke, Martinus Nijhoff / Kluwer Academic Publishers : Bd. VI : Die Krisis der europäischen Wissenschaften und die transzendentale Phänomenologie. Eine Einleitung in die phänomenologische Philosophie*, hrsg. von Walter Biemel.,1952.（エドムント・フッサール『ヨーロッパ諸学の危機と超越論的現象学』細谷恒夫・木田元訳、中央公論社、一九七四年／エドムント・フッサール『ヨーロッパ諸学の危機と超越論的現象学』（中公文庫）木田元改訳、中央公論社、一九九五年）

Ihde, Don 1990, Technology and the Lifeworld, Indiana University Press.

Meillassoux, Quentin 2006, *Après la finitude. Essai sur la nécessité de la contingence*, Paris, Seuil.

Stroud, Barry 1984, *The Significance Of Philosophical Scepticism*, Oxford University Press, U.S.A.（バリー・ストラウド『君はいま夢を見ていないとどうして言えるのか—哲学的懐疑論の意義』、永井均監訳、春秋社、二〇〇六年）

飯盛元章『連続と断絶—ホワイトヘッドの哲学』、人文書院、二〇二〇年

大森荘蔵『物と心』、東京大学出版会、一九七六年

寺本剛「実在の経験をめぐって」、『人文研紀要』九八号、中央大学人文科学研究所、二〇二一年、八一—一〇九頁

寺本剛「我に返ること」、『中央評論』三一一号、二〇二〇年、七九—八七頁

中村昇『西田幾多郎の哲学＝絶対無の場所とは何か』、講談社、二〇一九年

中村昇「マルクス・ガブリエルと西田幾多郎」、『中央評論』三一一号、二〇二〇年、五八—六六頁

西田幾多郎『西田幾多郎哲学論集I　場所・私と汝　他六篇』、岩波書店、一九八七年

森岡正博『無痛文明論』、トランスビュー、二〇〇三年

『マトリックス』の世界でのリアリティを考える

青木滋之

はじめに

二〇二一年末の一二月一七日から上映が始まった映画、『マトリックス・リザレクションズ（The Matrix Resurrections）』は、かねてからマトリックスシリーズを愛好してきた私の哲学魂（?）に再び火をつけた。ここで、「再び」と言っているは、かつて私はこうした経験を持ったからだ。それは、私が二〇〇三年から二〇〇四年にかけてイギリスの中部地方にあるキール大学（Keele University）に留学した頃のことであった。ちょうど留学前に、マトリックスシリーズの第二作、『マトリックス・リローデッド（The Matrix Reloaded）』が上映され、兄と一緒に海老名の映画館に観に行った。そのことまでよく覚えている。それから、第三作の『マトリックス・レボリューションズ（The Matrix Revolutions）』はイギリスの映画館で観て、その時期にホストファミリーをしていた方にＤＶＤまでプレゼントして頂いた。私が博士課程で哲学を学んでいたとき、その最も密度の濃い時代に遭遇したのが映画マトリックスであった。この頃に、「いつか、マトリックスをテーマにした哲学の入門書を出したい[1]」と、周りの日本人奨学生に語っていたのを思い出す。その思いは、未だ消えていない。
　その第一作である『マトリックス（The Matrix）』の中に、次のようなセリフがある。

Neo：This ... this isn't real?（これは…リアルではないのか？）

Morpheus：What is "real"? How do you define "real"?（「リアル」とは何だ？「リアル」を君はどう定義するのか？）

Trinity：Matrix isn't real.（マトリックスはリアルではないわ。）

Cypher：I disagree, Trinity. I think that the Matrix can be more real than this world.（そうは思わないよ、トリニティ。マトリックスはこの世界よりももっとリアルだってこともあるのだから。）

はじめのセリフは、マトリックスから解放されたネオが、現実の世界（二一九九年頃の未来の世界）で再びプラグを頭につながれ、仮想空間の中で目覚めたときに聞いたセリフである。マトリックスの主人公であるネオが、マトリックスとは何であるのか知りたいと言ったのに対し、ネオを救世主と信じているモーフィアスが、仮想空間の中で上のように答える。モーフィアスは、ここでの「『リアル』とは何だ？」という問いに続けて、リアルとは何であるかを説明し始めるのであるが、その内容については後述しよう。ともかくも、マトリックスとは何であるのかを説明する、この映画の鍵となるシーンで、「リアル」とは何かがフォーカスされているのは、哲学的にみて大変興味深いことである。
　その次のセリフでも、「リアル」という言葉が使われている。映画のヒロインであるトリニティーと、裏切者サイファーとの間の会話である。サイファーはＡＩ界からの刺客であるエージェント・スミスと取り引きを行い、仲間を売るのと引き換えに自分だけ記憶を抹消してマトリックスに戻るよう画策する。その企みが発覚した後、トリニティーは、マトリックスなどに戻ってもそれは「リアル」ではない、空想的な世界にすぎないとサイファーに警告する。しかしサイファーは、「マトリックスはこの現実世界よりも、もっとリアルだ」と切って返す、というシーンである。

いずれのシーンでも、「リアル real」という表現が鍵となっていることが分かる。本論では、映画『マトリックス』で描かれているリアルとは何なのか、その点に焦点を絞って論じていこうと思う。哲学的な議論や分析も登場するが、それはリアルとは何かという問題そのものに哲学的に切り込もうというのではなく、あくまで、マトリックスで描かれているリアルとは何であるのかを解明するための補助線として活用する、ということを先に断っておきたい。

マトリックスという映画の設定を知らない読者のために、簡単に、映画『マトリックス』の世界設定や、登場人物について説明をしておこう。ただし、小説の要約を読んだところで何ら感動や心の高揚が生じないのと同じく、どうしても味気ないものになってしまう事は避けられない。(2)

〈**登場人物**〉

モーフィアスは、マトリックスによって支配された人類を解放することを悲願とする、ネブカドネザル号(未来の浮遊船、ホバークラフト)のキャプテンである。宗教心に篤く、預言者**オラクル**に、自身が救世主を見つけることになると告げられ、ついにネオを発見する。**ネオ**(主人公)は、マトリックスの世界ではトマス・A・アンダーソンというプログラマーであったが、モーフィアスらによってマトリックスから解放され、ライバルであるエージェント・スミスとの闘いを通じ、自らが救世主であることを覚醒していく。**エージェント・スミス**は、マトリックスの世界に登場する門番であり、マトリックスに抵抗する人間を抹殺することを任務とする「意識をもったプログラム sentient program」。マトリックスの世界では、全人類は一つのシステムにつながっており、どの人間もエージェント・スミスに化けることができる。モーフィアスの言葉を借りれば、エージェントは「誰でもあり、誰でもない（They are everyone, and they are no one.)。」

〈マトリックス〉

映画を観ている人が生きている一九九九年頃の世界は、実のところ**仮想現実**。モーフィアスがネオに、次のように説明している。二一世紀の初めに、人類はついにＡＩを生みだした。「機械という種を誕生させた単一なる意識」の登場である。人類とＡＩは戦争を行い[3]、その過程で人類はＡＩのエネルギー源である太陽光を（おそらく核攻撃によって）遮断したが、ＡＩは人間を仮想世界であるマトリックスに住まわせ、人間から得られるエネルギーによって生存し続けていく術を獲得した。マトリックスは、モーフィアスによると、「神経相互作用によるシミュレーション a neural-interactive simulation」であるとか、「コンピュータが生じさせた夢の世界 a computer-generated dream world」と表現される。その目的は、「人間をコントロールし、これ（乾電池）にする」ことにある。

〈現実世界〉

マトリックスにいる間は、人間は誰も自分がマトリックスの中にいる等とは気づくことはない。プラグを抜かれる（unplugged）ことで初めて、自分が乾電池化された一員であったことを知る。『マトリックス』は二二世紀末を描いた作品であり、そこでの**現実世界**は、太陽光がまったく遮られた文明社会の廃墟、砂漠のような世界である。モーフィアスはこれを、「現実という砂漠 the desert of the real」と呼んでいる。(4) こうして本論では、現実世界という言葉を主に、マトリックス（仮想現実）との対比で用いることにする。

『マトリックス』の世界でのリアリティを考える

〈ストーリー〉

モーフィアスによってプラグを抜かれた救世主ネオが、エージェント・スミスとの対決を通じて、ＡＩによる支配の軛から人類を解放すべく活躍していく、というのが大筋である。一九九九年の『マトリックス』では、自分が現実世界だと思い込んでいた世界がすべて、ＡＩによって生み出された仮想現実、マトリックスであることにネオが気付き、仲間と共にエージェントと闘う過程で救世主として覚醒していく様が描かれる。そこでのガイドとなるのが、**預言者オラクル**である。しかし、オラクルは〈マトリックスの中に〉登場する人物であり、言わば、支配側からの刺客である。オラクルの予言に従って行動するモーフィアス、ネオらにとって、オラクルは信用するに値する存在なのかが当然問題となる。

次いで二〇〇三年の第二作『マトリックス・リローデッド』では、マトリックスの誕生秘話が語られる。マトリックスの**設計者アーキテクト**が登場し、これまで何度もマトリックスのプログラムは失敗して、全人類が滅亡した（"Entire crops were lost."）こと、(5) 今回は ver. 6 であるという驚愕の事実が告げられる。アーキテクトの独白により、アーキテクトはマトリックスの父であるのに対し、オラクルは母――人間の本能に忠実なプログラムであることが語られる。また、『マトリックス・リローデッド』では、第一作の最後にネオが破壊したエージェント・スミスが、プラグを抜かれて自由になり、他のエージェントと異なり無制約に自らのコピーを増殖していく様子が描かれる。(6)

同じく二〇〇三年の第三作『マトリックス・レボリューションズ』では、ＡＩ側も手が付けられない程に自己増殖していくエージェント・スミスが、遂にはオラクルまでも取り込み、圧倒的なパワーをもってネオの前に現れる。ネオは、ＡＩがコントロールできなくなったスミスを倒すことを条件に、人間とＡＩとの和平を交渉する。その最終決戦において、ついにスミスはネオをも取り込み本懐を遂げるが、これはオラクルの仕組んだ罠であった。ネオを取り込んだ全てのスミスは消滅し、アーキテクトとオラクルが「危険な賭け」に成功した、というシーンで三部作は終結する。(7)

一　「リアル」とは何か――モーフィアスの説明

以上のような『マトリックス』の世界設定から、読者には様々な疑問が沸いてくるかもしれない。なぜＡＩはエネルギー源として人類を乾電池化することを選んだのか（他にもっと効率のよい、リスクの少ない方法があったかもしれないのに）？　ＡＩは何のために仮想現実をつくる必要があったのか――そんな手の込んだ仮想現実をつくる必要がどこにあるのか？　そして、人類はなぜマトリックスが仮想現実であることに気づくことができないのか？　他にもいろいろなツッコミが考えられるだろうが、本節では最後に挙げた問い、与えられた世界が仮想現実であることに我々が気づくことができない理由はなぜか、に答えたい。これが、マトリックスでの「リアル」とは何か、という本論タイトルの問いに迫る一番の近道だと、私には思われるからである。

第一作『マトリックス』は、観客に対してリアルとは何かを考えさせるシーンがある。それは、マトリックスとは何であるのかを知りたがっていたネオに、モーフィアスが仮想空間の中でリアルとは何かを説明するシーンである。断っておくと、ここでの仮想空間というのはＡＩ側によるマトリックスのことではなく、あくまでも、マトリックスとは何かを説明するために組まれたプログラムのことである。『マトリックス』の中では、こうした、特定の目的のためにつくられた人間側の仮想空間もたくさん登場するため、マトリックスと区別するために〈トレーニング空間〉と呼ぶことにしよう。リアルとは何か、という説明は、このトレーニング空間の中で行われる。

マトリックスから解放されたネオは、当初はマトリックスから切断されたショックによりずっと昏睡状態に陥っていた。そこから目覚めたネオは、モーフィアスから驚愕の事実を告げられる。一九九九年に生きていたと信じていた自分は、実は二一九九年に生きているのだと。「お前は、マトリックスが何なのかを知りたがっていたよな」と告げられたネオは、機械装置が取り付けられている椅子に横たわり、頭の裏にあるプラグに電極のようなものを刺される。そして、次の瞬間、トレーニング空間の中で目覚める。

先に紹介した以下のセリフは、この時のものである。

Neo：This … this isn't real?（これは…リアルではないのか？）
Morpheus：What is "real"? How do you define "real"?（「リアル」とは何だ？「リアル」を君はどう定義するのか？）

ネオはそれまで二一九九年の世界で、暗いネブカドネザル号の中にいた。それが、頭の裏に電極を刺され、目を閉じて次の瞬間に目覚めたときには、トレーニング空間で辺りが真っ白になっている世界の中にいたのである。そこには、モーフィアス（ただし、本物のモーフィアスではなく、説明係としてトレーニング空間で生み出されたものにすぎない）がおり、普段見てきたようなテレビや、ソファーもある。しかし、真っ白な場所で突然、着ている服もヘアスタイルもすべて変わった自分が仮想空間で生み出されたものにすぎないことを、ネオは認めざるを得ない。ネオはソファーに手で触れる。それは、今まで触ってきたリアルなソファーと全く同じような手触りである。それを触ってみて、このトレーニング空間がリアルでないとは、全く信じることはできない（だって、今までマトリックスで見てきた本物のソファーと、見分けがつかないのであるから）。そこでモーフィアスが与える「リアル」の定義とは、次のセリフに見られる。

Morpheus：If you're talking about what you can feel, what you can smell, what you can taste and see, then "real" is simply electrical signals interpreted by your brain.（もしお前が、触ったり、匂いをかいだり、味わったり見たりできるものについて語っているのなら、「リアル」というのは、お前の脳が解釈した電気信号にすぎない。）

その後、モーフィアスはこのトレーニング空間の中で、二一九九年の世界が現実には、空がすべて雲で覆われた砂漠のような世界になっていることをテレビ映像をつかって説明する。もちろんこれも、トレーニング空間の中で構築された仮想現実の中での話である。

モーフィアスの「リアル」の説明は、感覚的な現れとして等価であれば、本当の現実世界であろうが、ＡＩがつくりだしたマトリックスであろうが、人間がつくったトレーニング空間でも、変わりはない、ということである。目で見、手で触り、匂いをかいだり味わったりできるものが同じであれば、それが現実なのであるから。

このことは、我々は実際にマトリックスやトレーニング空間の中で知覚した経験がないため、現実的な感覚が沸かないかもしれない。しかし、映画『マトリックス』を観ている観客からすれば、どちらも現実というテーゼは極めて自然である。それまでの、二一九九年の現実世界でのネブカドネザル号の中での現実と、トレーニング空間の中での現実は、見分けが全くつかないからである（この辺は、映画で一連の流れとして、シーンが移り変わるだけであり、どちらも観客からすれば「スクリーン上」の出来事にすぎない、という点をうまく逆手に取っていると考えられる)。

さらに、映画だけでなく、我々のこれまでの経験の中にも、証左となるような出来事がないわけではない。現実的な夢、リアルな夢、というのがそれである。我々はこれまでの人生において、しばしば、夢を見ている間に現実だと思い込んでしまうような、非常に鮮明な夢を見たことがあるはずである。夢の中で手を動かしたり、足を動かしたりしたところ、実際に寝床の中で手や足が動いてしまった、という経験はないだろうか。筆者も近年、夢の中で手を動かしたところ、現実において手が動いてしまい、枕元にあったスマホを二段ベッドの上から投げ落としてしまった、という悲劇（?）があった。幸い、スマホは床に激突することなく、無事だったのだけれど。もう一つ、夢と現実との境がなくなる経験を持ったのは、小学生の頃だった。ある夜に見た夢の、続きの夢を見たことがあるのである。この時は、夢が連続していたため、次の朝に起きている間の方がむしろ、夢のように感じられたことがあった。夢の現実から目覚めたら、現実世界が夢のように思えた、という経験である。

こうした、夢と現実との境が区別できない、というのは懐疑論的な議論の定番である。最も有名なのは、デカルトの『省察』の中での議論ではないだろうか。デカルトは方法論的懐疑の一環としてではあるものの、夢と現実との違いについて論じた上で、「さらに注意深く考えてみると、覚醒と睡眠とを区別しうる確かなしるしがまったくないことがはっきり知られるので、私はすっかり驚いてしまい、もう少しで、自分は夢を見ているのだ、と信じかねないほどなのである」(8)と述べる。なるほど、現象レベル、感覚知覚レベルで全く等価であるのなら、確かに夢と現実の区別はつかない。

モーフィアスの言う「リアル」は、近代の哲学者でいえばバークリの観念論にみられる現実に非常に近いものである。こう主張すると、読者は驚かれるかもしれないが、真実であるように思える。モーフィアスは五感によって知覚できるものがリアリティの在りかだと述べていたが、『人知原理論』第一部の冒頭でバークリは、正にそうした主張を行っているからである。バークリの観念論と言えば、存在するものとして精神と、精神の中にある観念のみを認め、精神的作用とは独立に自存する物質の存在を否定したことから、非物質主義immaterialismの哲学を標榜した哲学者として知られている。しかし、何が我々の認識対象であり、何が存在であるのかをめぐる基準を打ち立てる時点だけに着目すれば、モーフィアスの打ち出すリアリティ観と驚くほど符合する。少し長くなるが、『人知原理論』から引用しよう。

視覚によって私は、さまざまな度合いと変化を持つ明るさと色の観念を手に入れる。触覚によって私は、たとえば硬さと柔らかさ、熱さと冷たさ、運動と抵抗を知覚し、さらにこれらすべてをその量や程度にかんしてさまざまに知覚する。嗅覚は私ににおいを与え、味覚は味を与える。そして聴覚は精神に、あらゆる音調をさまざまに組み合わせた音を伝えてくれる。さらに、これらのいくつかは相互に随伴することが観察されるので、一つの名前で呼ばれ、そうすることで一つの事物とみなされるようになる。たとえば、ある色、味、におい、形そして硬さが相伴うのが観察されると、それらは一つの特定の事物であるとみなされ、リンゴという名前によって表示される。これ以外の観念の集まりも、石、木、本、そしてこれらに類した感覚可能な事物をつくりあげ、これらの事物は快適であったり不快であったりするのに応じて、愛憎、悲喜等々の情念を引き起こす。(9)

引用の前半に注目して欲しい。視覚による観念、触覚による観念、嗅覚、味覚、聴覚による観念を寄せ集めることで、我々は物と呼ぶものをつくりあげることができる。逆に言うと、我々が物だとかリンゴとか呼ぶものというのは、感覚可能な性質の集まりにすぎない、それ以上のものではない、のである。感覚できる性質が集まれば、それが現実世界においてであろうが、マトリックスにおいてであろうが、トレーニング空間の中であろうが、リンゴであることに変わりはない。こうした主張を、バークリは許容するものと思える。確かに、バークリは事物 thing と言っているだけなので、我々が本論で問題としているリアリティ、現実について述べているわけではない。しかし、我々が一般的に物だとかリンゴだと思っているものが、あくまで知覚された限りでの可感的性質の集まりにすぎないと主張する点で、モーフィアスのリアリティ観と符合すると言ってよいだろう。

二　マトリックスと現実世界の対応――機会原因、並行世界、相互作用？

確かにこうした非常に大きな類似性が、マトリックスでのリアリティ観とバークリの観念論の間に認められるものの、しかし、両者には決定的な違いがある。マトリックスの世界は、物質世界の存在を前提しているのに対し、バークリは物質的実体の存在を認めない、というのが、それである。バークリの観念論では、心による知覚がなければ、物は存在しない。有名なスローガンを使えば、「esse is percipi（存在することは知覚されること）」である。だから、精神によって知覚されないならば、物は存在しないことになる。それでは、誰もいない森の中で、木が倒れたときに音は存在しないのか、といった反論が寄せられそうである。(10) バークリの最終的な答えというのは、神（普遍的精神）による知覚が、あらゆるものの実在性を担保する、というものであった。

それではマトリックスでは、何が実在性を担保するのであろうか。マトリックスは言うまでもなく、コンピュータが生み出した仮想世界であり、モーフィアスの言葉にあるようにリアリティとは「脳によって解釈された電気信号」である。ということは、仮想世界を支え、全人類が共同して夢を見ることを可能にしているのは、物質の存在なのではないか。電気信号によって仮想世界が生まれる、という世界観の背後には、電子の存在が前提されているからである。物質世界の存在が、マトリックスを成り立たせる最終的な拠り所となると言えるのではないだろうか。

ここで、一つ大きな疑義を生じさせるシーンを紹介したい。これを考慮に入れると、単純な物質世界の存在だけではマトリックスの世界が済まされないことに、読者に気づいてもらいたいからである。それは、マトリックスの世界の中で死ぬと、現実世界でも人が死んでしまう、という『マトリックス』の中での奇妙な描写である。

場面は、先ほど紹介したトレーニング空間の中で現れる。トレーニング空間の中でネオは、カンフーや柔術といった格闘技を次々マスターしていく。ネオは現実世界では、腕利きのプログラマーであり、プログラミング習得の能力がずば抜けた存在である。ネオはカンフーを習得したのち、仮想道場の中でモーフィアスとスパーリングを行う。仮想道場でのスパーリングの最中、モーフィアスの導きに従い、ネオは真なる能力を開花させる。目にも止まらぬスピードの拳をモーフィアスに突きつけ、ネブカドネザル号の乗組員たちを驚愕させるのである。

ネオの救世主としての能力をさらに試すべく、モーフィアスはジャンプ・プログラムを要請する。ジャンプ・プログラムとは、高層ビルと高層ビルの間を、ジャンプで飛び越える訓練プログラムのことを指す。モーフィアスはネオの目の前で、高層ビルと高層ビルとの間をジャンプで飛び越えてみせる。それに従って、ネオも高層ビル間を飛び越えようとするが、失敗して、アスファルトの地面に叩きつけられてしまう。ネブカドネザル号の乗組員たちは失望するが、誰でも最初は失敗するから仕方ない、とサイファーは述べる。

さて、問題はこの次のシーンである。

ジャンプ・プログラムという仮想世界の中で、ジャンプに失敗してアスファルト地面に叩きつけられたネオは、ネブカドネザル号の現実に戻ったとき、口から血が流れていることに気づくのである。怪我をしたのはあくまで、仮想現実の中だけの出来事だと思っていた。しかしそれが、今や現実世界にまで影響を及ぼしている。ネオはモーフィアスに次のように質問を投げかける。

Neo：I thought it wasn't real.（ビルから落ちたのは、現実ではないと思っていた［のだが］。）
Morpheus：You mind makes it real.（お前の心がそれ［ビルから落ちたこと］を現実化させる。）
Neo：If you're killed in the Matrix, you die here?（もしマトリックスの中で殺されたら、ここで死ぬことになるのか？）
Morpheus：The body cannot live without the mind.（体は心なしに生きることはできない。）

この応答は、『マトリックス』の中でも、屈指の哲学的なやり取りである。仮想現実で起きたこと（高層ビルから地面に飛び落ちたこと）が、現実にまで影響している（実際に口から血が流れている）のはなぜか？　心が出来事を現実化させる、というどういうことなのか？　体は心なしでは生きられない、というのは一体何を意味しているのだろうか？

このシーンを介して、マトリックスの世界は、我々が通常連想するような単なる仮想現実ではないのではないか、という疑念が生まれてくる。例えば、ＶＲカメラをつけて、ある者がＦＰＳ（First Person Shooter つまり一人称的な視点からのシューティング）ゲームに参加したとする。仮想空間の中でその者は、敵を撃ったり敵から撃たれたりする。そして、敵に打たれてゲームオーバーになったとしよう。そのとき、その者のリアルな体は何も傷ついてはいない。現実で起こったことではなく、あくまで仮想空間でのゲームであったのだから。夢についても同様である。夢の中で、絶壁から落ちて（！）しまったり、ジェットコースターから振り落とされて地面に激突して（！）、夢から目覚めたとしよう（こうした経験は、誰もがあるのではないだろうか）。それでも、それはあくまで夢の中の出来事であって、我々はただ、「ああ、夢だったのか……」と真っ青になるだけであり、冷や汗をぬぐえば済む話である。こうした、通常の意味での仮想現実や、夢といった世界とは、明らかにマトリックスの世界は異なっている。特に、モーフィアスの最後の台詞「体は心なしでは生きることはできない」は、意味深な言葉であり、独自の心身問題があることを彷彿とさせる。

このような、実に奇妙な関係にあるマトリックス世界内での心と体との関係は、哲学的な見方からすると、どのように解釈したらよいのか。いくつか、可能な解釈が思い浮かぶ。その一つは、機会原因説である。機会原因説とは、デカルトの後継者と目されたマルブランシュが展開した哲学説で、心身の間には真正なる因果関係というのは存在せず、真なる原因である神が心身双方に働きかけることで、心身の間にはある一方での出来事を「機会」として、他方で出来事が生じるように映る（しかしそれは見せかけの因果関係である）、という説である。しかし、機会原因説でマトリックスの世界を解釈するのは無理がある。マトリックスの世界では、心（マトリックス世界）と体（現実世界）の双方に働きかける、真なる原因なるものを見出すことはできないからである。少なくとも、神のような全能者の存在を示唆するシーンや描写はない。そもそも、すでに指摘したように、マトリックスは物質世界の存在を前提しており、そこに精神的実体である神が介入する余地はない。

もう一つの解釈は、心身並行説である。心身並行説では、心と体は異なる実体で、その間には真正なる因果関係は存在しないが、世界が創造された瞬間から双方の間に因果関係が見かけ上成り立つように、世界が設計されている、とされる。予定調和を説いたライプニッツの説だと、心身の間には、同じ時刻にスタートした独立の時計の間のような関係が成り立つ。つまり、異なる実体の間には、予定された疑似因果が成り立つよう、世界が創造された時点から設定されている、というものである。この説も、世界創造時における計画者、端的には神のような存在者を要するため、マトリックスの世界には馴染まないように思える。

全く自然な解釈と思えるのが、心身因果を認める立場である。最後のモーフィアスの台詞に注目したい。「体は心なしでは生きられない」というのは、この文脈では、マトリックスの中で殺されれば（＝心が殺されれば）現実世界での体も死んでしまう、と理解するのが自然ではないか。これは哲学的な見方で言うと、心身因果を認める立場である。つまり、心から体への因果関係と、体から心への因果関係、どちらも認めるという立場のことである。心身相互作用説、と言ってもよい。相互作用と言えるだけの根拠を、映画内で指摘することができる。

まず、心から体への因果作用について。これは、ジャンプ・プログラムでネオが失敗し、高層ビルから飛び降りてアスファルト地面に叩きつけられる、という前述のシーンが挙げられる。モーフィアスの説明に従うと、仮想空間の中で殺されるということは、心がなくなる、ということである。そして、心がなければ体は生きることはできない。つまり、心の喪失が身体的生命の喪失を引き起こす、と解するのが自然である。

逆方向の、体がなければ心が生きられない、ということの傍証も映画内で見つかる。それは、マトリックスに入った人間のプラグを抜くと（現実世界での、身体的な変化）、『マトリックス』の中では、エイポックとスウィッチの死のシーンとして登場する。裏切者サイファーは、ネブカドネザル号の中で、マトリックスにつながったエイポックとスウィッチを殺してしまう（その代わりに、自分は記憶を抹消してマトリックスの世界に戻るよう、エージェント・スミスと取り引きする）。本論冒頭で示したように、サイファーは、「マトリックスはこの世界よりももっとリアルだってこともあるのだから」と言い放ち、現実世界のプラグを抜くことで、マトリックスの中のエイポックとスウィッチを殺害する。これは実に奇妙な出来事ではある。我々にとって一般的な意味での仮想現実に即して説明してみれば、ＶＲのゴーグルを外すと、ＶＲの中にいる「自分」が死んでしまう、といったことに相当するからである。(11)

以上からすると、心から体への因果作用、体から心への因果作用、という双方の因果を認めている点で、マトリックスの世界は、哲学的に言えば心身因果説を採用していると言うことができるだろう。

三　現実世界も実はマトリックスなのでは――何がリアリティを支えるのか

以上見てきたように、あくまで映画の内部で、モーフィアスの台詞である「The body cannot live without the mind.（体は心なしに生きることはできない。）」から考察を行う限り、マトリックスの世界は心身因果説を標榜しているのだと理解するのが自然である。しかし、はたしてこうした事が可能であるのか、について立ち止まって考えてみると、実に奇妙なことになっていることに気付かされる。

そもそも、マトリックスの中の世界で死ぬと、現実世界でも血を流して死んでしまうという描写が、我々の現実世界から照らしてみるとおかしい。ＶＲゴーグルをつけて仮想現実の中でのゲームを楽しんだ場合、そのゲーム内での死は、現実的な体の死には何も因果的に関係しないからである。ゲームの中での話はゲームの中で済むことであり、それで実際に体が傷ついたり、血を流したり、心臓が止まったりすることなど（我々の現実世界では）実際にはない。すると、ここから、『マトリックス』の中での出来事というのは、単に、我々がＶＲゲームで仮想現実を観ているような事態ではありえない、という結論へと誘われる。

そもそも論を繰り返すと、そもそもなぜ、マトリックスから目覚めた「現実世界（二一九九年頃の世界）」が、マトリックスの中でないと言い切れるのだろうか。この点は、観客はすんなりと受け入れてしまいそうだが、よくよく考えてみると盲点である。確かにネオは、一九九九年の仮想世界から二一九九年の現実世界へと、プラグを抜かれることで覚醒したように（一見したところ）見える。しかし、実のところ、この二一九九年の「現実世界」が未だマトリックスの中にあることを否定する証拠は、映画の中には見当たらないのである。

むしろ、映画内では証拠は逆のことを示しているのではないか。『マトリックス』の中で、現実世界も実はマトリックスの中なのではないかと、強く疑わせる材料が見つかるからである。それは、第二作『マトリックス・リローデッド』の最後に描かれるシーンである。この第二作の最後で、ネオは信じられないような能力を発動するようになる。それは、二一九九年の現実世界においても、遠隔感覚（スクイディというイカのような形をした偵察機が迫っていることを、遠くから感じる能力）を持ったり、物理的に触れていないのもかかわらず、スクイディを破壊する遠隔作用を発現するようになる、というのが、それである。第三作の『マトリックス・レボリューションズ』では、この遠隔作用の能力を持ったネオが、ヒロインであるトリニティと共に、ＡＩが支配する機械都市（machine city）の中核まで飛行艇で乗り込むシーンが描かれる。そこでネオは、次から次へと迫ってくるスクイディを、遠隔作用により次々叩き落す、という常識的に到底信じられないような荒業を披露する。さらに、叩き落すことのできないほどのスクイディが飛行艇目掛けて迫って来た折には、ネオは何とスクイディを体全体で吸収してしまう（！）。スクイディとは、機械仕掛けの偵察機である。我々の現実世界で言うと、道路を走っている車を人間が体全体で吸収してしまうようなことである（！）、と置き換えれば、それがいかに非現実的なシーンであるかが理解できるだろう。

『マトリックス』を観ていると、徐々に常識感覚が麻痺していってしまい、何が現実で、何が仮想現実であるのか分からなくなってくる。そうしたギミックが映画に散りばめられているのは確かだ。しかし、落ち着いて考えてみると、遠隔感覚、遠隔作用、物体の吸収、といった事象は明らかに現実世界では起こり得ないことである。

こういった、現実世界では起こり得ない様々な事象を説明できる有望な仮説は、この映画に登場する道具立ての内部に留まって言えば、現実世界が実はマトリックスのままであった、というものではないだろうか。どうも、素朴な物質的世界が、『マトリックス』での「現実世界」のベースになっている訳ではない、と言わなければならないようである。

本論の第一節で挙げた、最初の問いに戻りたい。それは、「与えられた世界が仮想現実であることに気づくことができない理由はなぜか？」であった。我々は、与えられた世界を現実世界であることを当然であるとみなし、それが仮想現実だと疑ったりは通常しない。それは、世界のリアリティを感じさせるような仕組みが、世界の中にあるからである、というのが『マトリックス』の答えであるように思える。その仕組みの一つが、すでに挙げたように、感覚経験が等価であれば、仮想現実であろうが、夢の中であろうが、見分けがつかない、というものである。目の前にあるリンゴは、それは現実のものであること、現実的知覚が成り立っていることを、我々に強く信じさせる。これがモーフィアスの定義する現実（リアル）であった。

しかし『マトリックス』は、さらに他の答えも提示している。それは、人間がリアリティを強く感じるのはどのような時であるか、我々の思考の癖や、心性に沿った形で、世界が与えられているのである、という説明方法である。大まかにではあるが、二点取り上げたい。

一つは、モーフィアスによる「現実」の説明の続きにある。モーフィアスは、マトリックスからプラグを抜かれたあとも、長い間、それ（二一九九年に見られる暗黒世界、人間がすべて電池となっている世界）が現実であると信じることができなかった、と吐露している。しかし、ＡＩによって制御された機械が、人間の死体を液状にし、新しい人体（乾電池）の栄養となるようにリサイクルしているのを見て、その恐怖とも言える正確さに戦慄を覚え、真実を見抜くことができた、とネオに語っている。

Morpheus : And standing there, facing the pure horrifying precision, I came to realize the obviousness of the truth.（そしてそこに立ち尽くし、その純粋で恐ろしい正確さに直面して、私は真理の明白さを悟るようになったのである。）

この説明によると、マトリックスからプラグを外され、「現実世界」に目覚めたことが、真実を知るようになったきっかけなのではない。そうではなくて、「現実世界」の内部に見出される世界の特徴から、その世界を「現実世界」と見なすだけの根拠が見出される、ということである。この場合の「現実世界」は、マトリックスの内部であっても構わない、ということが伺える。

もう一つは、人間が何をもって「現実」と感じるのか、その心性に従って、このヴァージョンのマトリックスは設計されたとエージェント・スミスが語っているシーンである。ＡＩ側の代弁者であるエージェント・スミスは、人類が「現実世界」として受け入れるプログラムを開発するのは困難が伴った、誰も苦しまない完璧なプログラムを書いたにもかかわらず過去に人類がそのプログラムを拒否したため、すべての収穫物（＝乾電池、つまり全人類）が失われた、と他人事のように述べる。そして、次のように続ける。

Agent Smith : Some believed that, we lacked the programming language to describe your perfect world. But I believe that, as a species, human beings define their reality through misery and suffering.（我々には人類の完全な世界を記述するプログラミング言語がない、と信じた者もいた。しかし私の信じるところでは、人類というのは［そもそも］不幸や苦しみを通じて、リアリティというものを定義するのである。）

つまり、人間というのは完全な平和が達成された世界に満足することができず、むしろ、不幸や苦しみに「リアリティ」を見出す、それこそ人間は受け容れるのである、という説明である。これも、その世界の内部の特徴だけから、人間にとって「現実感」ある世界が与えることができる、という路線での考え方であり、『マトリックス』で描かれる「現実世界」が、本当の現実世界ではなく、マトリックスにすぎないことを許容する発言である。

以上述べてきた理由により、筆者は、『マトリックス』で描かれる二一九九年の「現実世界」も、一九九九年の世界と同じく、仮想現実にすぎないのではないかと、考えている。

最後に、このように、二一九九年の「現実世界」も実のところ、マトリックスの中での仮想現実なのではと想定すると、前節での奇妙な心身因果（相互作用）の問題も解決することも指摘しておきたい。ＶＲゴーグルを外すと仮想現実の中で人が死んでしまったり、逆に、「現実世界」でプラグを抜くとマトリックスの中で人が死んでしまうという奇妙な出来事、ありていに言えば、我々の現実世界ではあり得ない出来事は、それらがすべてマトリックスの中での出来事だ、そのようにプログラムされているからだ、と主張することで、無理なく理解でき、処理することができるようになる。

筆者が思うに、映画『マトリックス』が実のところ示しているのは、リアリティの与えられ方であり、すべては仮想現実にすぎないという懐疑的設定の中でも、リアリティは十分に定義できる、という思想である。「実は、我々の住む現実世界は、すべてＡＩがつくりだした仮想現実だったのだ……」というショッキングな表メッセージの裏に、「現実世界だと思い込んだ近未来の世界も、実はいまだ仮想現実の中のものでした」という、裏メッセージが込められているのではないか。そうした『マトリックス』理解を、本論は提示した。[12]

（1）　ちなみに、英語圏では映画から哲学に入門する書籍が相次いで出版されており、*Introducing Philosophy Through Film*

(2009) であるとか、*Philosophy through Film* (4th edition, 2020) といったタイトルの本がある。いずれでも、マトリックスは主要な扱いを受けている。The Matrix Resurrections の宣伝動画を見ても、キャストの役者（ナイオビ役のジェイダ・ピンケット・スミス）が「大学の哲学の授業でマトリックスを観てからマトリックスのファンになったと言ってくる人が多い」と言っている。このように、アメリカの大学での哲学の授業では、マトリックスはよく題材として使われているようだ。

（2）例えば、夏目漱石の小説『こころ』を、「先生が若い頃に、友人Kを出し抜いて、今の奥さんに求婚して結ばれたものの、自殺したKのことに長らく苦悩し、遂には自身も自殺した物語」と要約したところで、何のダイナミズムも面白みも感じられないだろう。

（3）『マトリックス』シリーズのスピンオフとして、『アニマトリックス』というアニメ作品がある。その中で、人類とAIとの戦争の様子や、人間が電脳化していく様子が詳細に克明に描かれているので、参照されたい。

（4）つまり、映画を観ている人が慣れ親しんでいる一九九九年頃の現実世界ではなく、二二世紀末の（マトリックス世界ではないという意味での）「現実」世界を、現実世界と呼ぶことにする、ということである。

（5）正確に言うと、このセリフは第二作の『リローデッド』ではなく、第一作『マトリックス』でエージェント・スミスが語った言葉であるが、実際にver. 6までに何があったのかを推測する上でのヒントとなるだろう。

（6）自由になったエージェント・スミスは、何のために自己増殖をしていくのか。プラグを抜かれたスミスは、自らの存在理由について、ネオとの密接な関係 connection に言及しつつ、ネオに向かって「お前（＝ネオ）が奪い去った目的 purpose を取り戻すため」と述べている。

（7）二〇〇三年の第三作『マトリックス・レボリューションズ』をもって、「マトリックス三部作」は終結した、と言われてきた。本論も、第三作までを念頭に置いて書いている。その後、二〇二一年一二月に第四作『マトリックス・レザレクションズ』が上映され、死んだはずのネオとヒロインのトリニティが再登場しているが、本論の範囲から外すことにする。

（8）デカルト『省察』（世界の名著 デカルト）、井上庄七・森啓訳、中央公論社、一九六七年、二四〇頁。

(9) ジョージ・バークリ『人知原理論』、宮武昭訳、ちくま学芸文庫、二〇一八年、五三―五四頁。

(10) こうした議論は、バークリの観念論に対する反論として定番となっている。例えば、アン・ルーニー『哲学大図鑑』、原田美也子訳・青木滋之監訳、ニュートンプレス、二〇二〇年、一一九―一二〇頁を参照。

(11) 細かいことを言うと、プラグを抜いた時点で、現実世界において心電図の電子音が止まってしまうので、その身体的な死により、心の死(マトリックスの中での死)が訪れると解することもできるかもしれない。しかし、なぜプラグを抜いただけで(我々の世界で言うと、VRゴーグルを外すだけで)人間が死んでしまうのか、は勿論説明を要する。なのでこの路線で心の死の原因を解釈したとしても、マトリックスの世界でプラグを抜くことは、我々の世界でVRゴーグルを外すようなこととは全く異なる行為であると、認めざるを得ないように思える。

(12) それでは、すべてが仮想現実である(ならば、その仮想的な)諸世界を支える基盤は最終的に何であるのか、と問われそうだが、それには「最初のマトリックスがどうつくられたか」という問いに整合的に答える必要がある。本論では論じきれないので、他の機会で論じてみたい。

ハイパーオブジェクト時代におけるリアリティ

竹中真也

はじめに

　世界が現実に存在する（realである）と言うとき、何を意味するだろうか。緑豊かな森があり、冷たい川の水が流れ、鳥たちがさえずり、動物の気配がする。規則的にめぐる四季があり、季節に応じた天候がある。美しき自然があるのが現実の世界だと言われるかもしれない。あるいは日常生活において、駅へ急ぐとき、食事をとるとき、作業するとき、人と会話をするとき、われわれはみずからの活動に集中し、世界の存在を気にかけてなどいない。だから、誰も配慮しなくとも存続しているのが世界であり、安定性とともに永続的に不変であるのが世界だと思われるかもしれない。

　しかし、こうした現実的な世界観にこそ徹底的な見直しを迫るのが、ティモシー・モートンである。[1] モートンのキャリアの出発点はロマン主義研究であり、のちにグレアム・ハーマンの「オブジェクト指向存在論」から甚大な影響を受け、環境の哲学を論じるようになった。モートンが問題にするのは、まさに実在（real）する対象の在り方やその対象から生じる現われである。本稿では、モートンの著書『ハイパーオブジェクト』を軸にして、ハイパーオブジェクトの時代におけるリアリティに肉薄してみたい[2]。そうするにあたって、はじめにモートンの環境の哲学が依拠する、彼が解釈したオブジェクト指向存在論の基本的な発想を見てみよう。

一　対象という個物のありかた

オブジェクト指向存在論は対象（object）を軸に議論を展開する。例えば、リンゴ、机、i-phone、Mac のパソコン、部屋、家、梅、人は対象である。さらに、軍隊、商店街、地球温暖化も、名詞化できるものはすべて対象と呼ばれうる。こうした個的対象を出発点にしてみるとき、各々の対象は単独で存在するわけではなく、かならずその他の対象にとりかこまれている。対象が単独で存在しない点は心に留めておくべきである。というのも、ともすればわれわれは、対象は他の対象と無関係に、没交渉的に存在すると想定しがちだからである。例えば、私が一人で部屋にいるとき、その肉体はいかなるものとも交渉をもたないし、他の対象と交渉していないと考えるかもしれない。しかし、どんなに孤独な状態にあっても、パソコン、机、椅子、床、電気、酸素、二酸化炭素、窒素、光、肉体内で共生する無数の常在菌[3]、ウイルスなど、いくらでも他の対象は私の周囲に存在し、あるものは私にある現われを差しだし、他のものは見えないところで働きかけたりしている。いかなる対象も、他の対象との関係のただなかで存在しているのである。

さて、私と他の対象との関係は、運動の伝達のような単純で単線的なものではない。つまり一つの対象――ここでは一人の人間とするが――は諸対象のただなかにいて、諸対象との多角的あるいは多重の影響にさらされている。たしかに、われわれが目の前のコーヒーカップを見ているばあい、カップから、光線（蛍光灯）、眼球、神経、脳髄への一連の流れからその視覚的知覚を説明することもできるだろう。しかし、その流れはカップの知覚を成立させるほんの一系列でしかない。そもそも心臓が存在し機能していなければ、生命が維持されていないので知覚は成立しないし、酸素がなければ呼吸もできないのだから、酸素も呼吸していることも（その呼吸の深さや浅さも）知覚に関与している。あるいは腸の内臓の調子に応じてわれわれの思考や気分が変化し、目の前のカップのまとう雰囲気も変わってみえる（腸脳相関を念頭に置いていただきたい）。体調が悪ければ、コーヒーカップの無機質さや冷たさが際立って見えることになるだろう。周囲で流れている音楽、そばにいる人も、コーヒーカップの見え方に関与している。このように、多方面からの対象の影響の結果、ひとつのものが現われるのであって、なにかが現われるときにはすでに多くの隠された前提となる対象がひそんでいる。したがって、もしコーヒーカップがこうした諸対象の関係のただなかから浮かび上がるなら、なにかが現われるには、モートンの表現を借りれば、「1＋n」個のものがあることになる（Morton 2013b 89）。対象の単独な存在から現われが生じることはないのであり、しかもけっして一列に並ぶ関係ではなく、多くの諸対象からの多方面からの影響のただなかで、一つのものが現われる。ミクロな方向にもマクロな方向にも無数の対象が存在するのだから、それらの諸対象からの影響は膨大なものになるし、われわれは対象の関係すべてを辿ることなどできない。(4)

しかも、こうしたある対象1にたいして＋n個の対象が関係するとき、対象は十全な情報を他の対象に手渡しているわけではない。対象は、別の対象にみずからの一面しかあきらかにしていない。例えば、石灰は塩酸には二酸化炭素を発生させるけれども、水分という他の対象のばあいには、乾燥材として現れている。これに対して石灰は、われわれには白い粉としてしか現われてこない。このように物体的対象はそのつど他の対象に応じて別の表情を見せている。人間も同様であって、友人、恋人、先生、師匠に会うときには各々顔つきや言葉遣いを変えている。植物も動物も周囲の対象に応じて変化するだろう。したがって物体にせよ人間にせよ生物にせよ、対象は、それが出会う対象に応じて、そのつど異なる現われを差しだすのであり、しかも出会う可能性のある他の対象は無数にあるのだから、ひとつの対象の現われとなりうるものはけっして汲みつくせないだろうし、どれかひとつだけが特権的な現われとなることはない（もしそんなことがあれば、石灰は塩酸にだけ本当の顔を見せていることになる）。それでも、対象は、その他の対象と区別されるかぎり、それ独自の本質をもつはずである。さもなければ、他の対象と区別されえないことになるからである。つまり対象には隠されている実在的本質がある。しかも実在的本質があるなら、その本質を支えている実在的対象もあるだろう。したがって対象は、現われとともに、実在的本質や実在的対象を隠しているのであり、対象は、現われるときにはその実在的なところを隠してしまうのであり、「退隠」してしまうのである。[5]

さて、もしある対象が他の対象にたいしてある一面だけを現象させるのだとすれば、対象のあいだで情報が伝達されるさいにも、経由する対象の数量のぶんだけ、ますます不完全な情報の伝達がおこなわれる。それからようやくあるひとつの現われが生じることになる。しかも、対象の連続的な繋がりの中間に存在している——そもそもどこが始まりかは分からないが——たった一つの対象が別の対象に変わるだけでも、最後に現われるものも変化することになる（照明の状態が白色から青色に変わるだけでも、現われは変化する）。このように、対象のあいだの情報伝達が十全ではないのだとすれば、伝達された情報には多くの欠落、「穴」があるともいえよう。こうした情報の伝達の不十分さを踏まえて、モートンは現われるものをメッシュ（mesh）と呼ぶ。われわれの目の前の現われは、じつは様々な対象を接続した結果の総体であるけれども、その過程において対象とつながるごとに情報を欠落してしまうので、その最終的な現われは穴だらけのメッシュ構造のようになってしまう。ちょうど写真をJpeg画像に変換すると、あるいはある生演奏をＣＤに録音すると、元の映像や音楽に穴があけられるように（それでも、われわれには元の情報をそのまま保持しているように見えるし、穴など見えていないけれども）、われわれが目の当たりにしている現われも、ふるいを通すように、諸対象における情報を完全に伝達していないのである。

じっさいわれわれは、ひとつのもの、例えばパソコンの画面を見ているとしても、それが現われるまでには電気、光、画面の素材、パソコン本体、机、部屋、空気などの無数の対象が関与している。そしてその過程で、ある対象と別の対象のあいだでは、ある一面だけが伝えられている。したがって、メッシュ構造の現象は、対象のなんらかの側面を現わしているが、その他の側面は隠してしまうのであり、この意味でメッシュという現われは、ある諸対象の一面を表現すると同時にその他の諸対象の別の側面を隠しているとも言うことができる。メッシュは、語源からも、この事態を説明してくれる。「幸いなことに、メッシュ（mesh）は語源的には重さ（目方）（mass）と仮面（mask）の両方に関連している」（Morton 2013b 83）。メッシュとして現われるものは一方ではわれわれがふだん感じる現実のもつ重さにつうじている。しかし他方で、その現われは対象の実在的側面を隠している仮面なのである。

以上のことを踏まえてみるなら、リアルな現われについては二つの相があることになる。まずは、われわれが日常生活を送るさいに、見えるがままにものがあると素朴に想定する「現実に存在する」と言うときのrealがある。これは、バークリがesse is percipiというときの現実的な存在である。われわれがいまここで五感に基づいて見ているものをそのままに受けとるときに言う「現実に存在する（real）」がある。これに対して、対象論を前提にしたとき、新たなリアリティがたち現れていることになる。モートンが言うように、無数の対象を経由した結果、われわれに現われるのは、穴だらけの情報の現われ、メッシュなのである。このように、少なくとも二つのリアルの相がありうる。

次に、ここまでのリアルや対象論を前提としてハイパーオブジェクトについて概観し、そこから新たな時代のリアリティを見いだしてみよう。

二　ハイパーオブジェクトの基本的規定

モートンは、対象（オブジェクト）という言葉にハイパーを付けて、ハイパーオブジェクトという言葉を作り出した。それでは、このハイパーを付けることで、いかなる特徴の対象を描こうとしているのか。彼は、その序論の冒頭において、以下のように述べている。

> 『エコロジーの思想（Ecological Thought）』において、私は、人間に比べて時間的・空間的に大規模に分散するものを指す言葉として、ハイパーオブジェクトという言葉を作った。ハイパーオブジェクトは、ブラックホールや、エクアドルのラゴ・アグリオ油田や、フロリダ州のエバーグレーズ（国立公園）でもありうるだろう。ハイパーオブジェクトは生物圏や太陽系でもありうるだろう。ハイパーオブジェクトは、地球上のすべての核物質の総計でもありうるだろうし、プルトニウムやウランのみのことでもありうるだろう。ハイパーオブジェクトは、発泡スチロールやビニール袋のような、人間が直接製造したきわめて長持ちする製品でもありうるだろうし、資本主義の世界を攪拌するほど影響力のある大規模な装置でもありうるだろう。ハイパーオブジェクトは、人間が直接製造したものであろうとなかろうと、ある他の存在物との関係において「ハイパー（超過）（hyper）」なのである。（Morton 2013b 1）

ハイパーオブジェクトは、時間的にも空間的にも広大な範囲にわたって現われることができる対象である。ハイパーオブジェクトに比べれば、テーブルや椅子や本棚という家具、家、街並み、それどころか古代文明の遺跡であっても、それらの現われの持続期間はあまりにも短いものである。ハイパーオブジェクトは、人類が滅亡し文明が滅びても存続するのであり、この圧倒的な時空のスケールがハイパーという言葉には込められている。とはいえ、ハイパーオブジェクトの存続期間は、「永遠」を含意しているわけではない。「ハイパーオブジェクトが代わりに提供するのは、きわめて大きな有限性である」(Morton 2013b 60)。数万年単位の膨大な有限な年数にわたってハイパーオブジェクトは存続するのであり、だからこそ人間の通常の思考能力では計算不可能な時空を、ハイパーオブジェクトは生き延びる。たしかにスーパーコンピューターの処理能力であれば、そうした数万年の計算が可能になるとも言われるかもしれない。しかし、そもそもハイパーオブジェクトという言葉で表された対象は、それほど甘くはない。どういうことか。

例えば、地球温暖化というハイパーオブジェクトは、なんらかの異常気象や気温の上昇というかたちでわれわれに現われている。かつて記録されたことのない降水量、海水温の異常な上昇、南極や高地にある氷河の溶解など、これらは地球温暖化の現われである。ここで〈現われ(appearance)〉という言葉に注意すべきである。というのも、ここでの〈現われ〉は、そのおおもとにある対象を十全には表わしていないからである。集中豪雨も、海水温の上昇も、氷河の溶解もけっして地球温暖化そのものではない。「群盲、象を評す」の俗諺に言われるように、われわれはそれらをいくら加算しても、その真の姿を十全にとらえることはできない。現象と実在の対比がここにあると言ってもいい。われわれは現われを加算して、地球温暖化をひとつの対象として想像するかもしれないが、それは現われから推測されたひとつの対象にすぎないのであり、地球温暖化の実在的な核はとらえられていないし、われわれやいかなる対象も手の届かないところに地球温暖化のハイパーオブジェクトはある。

さて、モートンによれば、ハイパーオブジェクトには五つの特徴があるが、そのなかから「粘性」と「同期化」と「間対象性」(「非局所性」と「時間のうねり」は省略する)をとりあげて、ハイパーオブジェクトの一端をあきらかにしてみよう。

まず「粘性」(viscous)について言えば、「粘性」とはハイパーオブジェクトが諸対象にかかわるしかたで、文字どおりねばついた状態のことである。ハイパーオブジェクトは、われわれがたとえそれを引きはがそうとしても、鳥もちのようにますますからみつく。サルトルからの引用をもとにしたモートンの言葉では、「ジャムの中に沈みそこで溺れるスズメバチ」(Morton 2013b 30)のように、われわれはハイパーオブジェクトから逃れることはできない。これは「つねにすでに」生じていることである。しかるに、われわれがハイパーオブジェクトの影響下につねにすでにいるのだとすると、このことは、人間の思考や地位に決定的な変化を及ぼすことになる。つまり人間の思考は、地球温暖化というハイパーオブジェクトの影響のただなかでの思考であり、ハイパーオブジェクトを超越してその全体を俯瞰することなどできない。つまりモートンによれば、人間はすべての影響からまぬがれた「特別席(VIP box)」(Morton 2013b 18)にいるわけではないのであって、これはカントのコペルニクス的転回以降の哲学にとってスキャンダルとも呼べる事態である。従来の哲学が「超越論的主観」のように人間を特別な存在としたのとは対照的に、ハイパーオブジェクトの時代の人間は人間中心主義にはなりえない。地球温暖化にとどまらず、生物圏、進化、資本主義などのハイパーオブジェクトから発せられる重なり合う磁場のようなもののただなかにわれわれは囚われているのであり、それがねばねばしてまとわりついている。われわれ人間は完全に自律しているわけではないのである(自律と関わる倫理的観点についてはのちに述べる)。

さらに、ハイパーオブジェクトには「同期化(phasing)」という特徴がある。「同期化」とは、ハイパーオブジェクトがこの世界に現われるとき、他の対象(幾多ものその他の対象)に合わせたしかたで現われることである。しかしながらこのとき、現われているものは、ハイパーオブジェクトそれ自体から断絶している。モートンは、ハーマンの言葉を借りて、こうした現われと実在の存在論的な断絶を「裂け目(Rift)」(Morton 2013b 78)と呼んでいる。現われと実在とのあいだには埋まることのない溝があり、それはけっして乗り越えられない。例えば「湖上の鳥の群れ〔という集合〕はひとつの独自の存在だが、同時に生物圏、進化、地球温暖化といった一連のハイパーオブジェクトの一部でもある。ハイパーオブジェクトとその指標的記号との間には、不可避の断層がある」（Morton 2013b 78）。ここでの指標的記号は現われのことであり、白鳥の群れは、ハイパーオブジェクトの影響下において存在しているのであるが、それは「生物圏、進化、地球温暖化」といったハイパーオブジェクトを指し示している記号である。とはいえ、白鳥の群れがこれらのハイパーオブジェクトを指標するとしても、それはけっしてハイパーオブジェクトそれ自体ではない。個別的な現われは、より高次の存在たるハイパーオブジェクトのひとつの表現となっているのであって、モートンは、ハイパーオブジェクトをまさにわれわれよりも高次元のものとしてとらえている。ちょうど三次元のリンゴが二次元に現われるとき、それが断面としてしか現われないように、われわれの世界にとってハイパーオブジェクトは、われわれにその断面しか与えてくれないのである。

さて、以上のように、ハイパーオブジェクトがわれわれに知られないとするなら、上述のメッシュも、ハイパーオブジェクトの観点からあらたにとらえかえすとどのようになるのか。それには、ハイパーオブジェクトのもうひとつの特徴たる「間対象性（interobjectivity）」がかかわる（じっさいそこにおいて、メッシュが論じられている）。「間対象性」は、モートンによると、無生物と生物とを問わず、さまざまな対象における関係をあらわしているので、人間と人間による間主観性（intersubjectivity）は、間対象性の部分にすぎないことになる（Morton 2013b 81）。対象と対象の関係は、人間と生物と無生物とを問わず、あらゆる対象の関係を含んでいる。すでに述べたように、メッシュは、対象と対象が関係するさいに、そのあいだで発生する。[6] メッシュは「感覚的エーテル」（Morton 2013a 75）とも呼ばれ、ある種の出現魔術による「幻想（illusion）」（Morton 2013b 118）のようなものである。感覚的エーテルは対象と対象のあいだの領域に存している。コッチャの発想を援用するなら、(7) まさに感覚的な対象は媒体であり、ここでの感覚的現われのメッシュというイメージは、対象と対象をまさに隔てかつ伝えているまさに第三の空間である。これは、対象の因果関係とも関わるので、少し詳しく見ておこう。

調律による美的特性、独特の因果論

「ハイパーオブジェクトは、対象の美的特性の相互関係からなる空間で検出されうる」(Morton 2013b 1)。このように言われるとき、「美的(aesthetic)」は、対象間の関係のしかたをあらわす特徴である。モートンは「美的」という言葉で対象と対象の関係を、例えば運動や衝突による因果関係ではなく、「ある対象が他の対象に対してどのように現れるか」という観点で説明しようとしているのだと思われる。これはたんなる物質的な因果関係とも異なる。ある対象が他の諸対象と関係するさいの「現われ」の発生を基軸にしている対象関係論である(ここでの対象は物質ではない点も注意する必要がある)。ある対象が他の対象に現われることは、「調律(attunmennt)」(Morton 2013b 30)と呼ばれている。ある対象はその他の対象に「調律」して現われることになる。モートンは、調律のドイツ語にあたるStimmnug(Morton 2013b 30, Cf. Morton 2013a 193)という語にも言及しており、これによって対象が調律することは、対象がある雰囲気に浸されることを意味していることを示している。しかしこれは、人間を起点にして理解されてはならない。むしろ周囲の対象のほうがわたしに調律してくるのである。「例えば、私がMy Bloody Valentine〔という曲〕に調律するわけではない。むしろMy Bloody Valentineのほうが私に調律し、私の内臓を追いもとめており、胃や腸や顔の軟骨のくぼみの共振周波数を探す。けれどもその曲は、つねにあの美しいコード(chords)を用いるのであり、その紐〔コード〕があなたを〔オデュッセウスがされたように〕マストに縛りつける」(Morton 2013b 30)。このように対象の側からの働きかけはるかに豊富であり、こうした美的関係の場において現出するのがメッシュであって、しかもあるひとつの対象は、他の対象との関係のうちに気づかないうちにつねにすでにからめとられている（上述の粘性も参照のこと）。

こうして、対象が他の対象に調律する（あるいは調律される）ことによって現われが発生することから、対象の関係は説明される。このとき、現われているものは「指標的記号」とも呼ばれていたように、なにかを指し示しているものの、それがほんとうのところいかなるものかはわからない。ハイパーオブジェクトの実在的なありかたは、隠れているので暗黒という比喩も可能であるけれども、『リアリスト・マジック』によれば、ちょうど溶岩が光を放って、その中心にあるものを見えなくさせるように、実在的対象は光という現われの向こう側にたしかにある核のようなものである（Morton 2013a 132–133）。このことは、現われの向こう側にある実在的対象が、われわれの理解をはるかに超えたもの、ぼんやりと暗示されているとも言うことができる。美的関係の美的に引きつけて言えば、「崇高」なものとして対象は現われる。とくにハイパーオブジェクトのばあい、その圧倒的なスケールのゆえに、時間的にも空間的にも分散した「局所的な表現（local manifestation）」（Morton 2013b 1）をわれわれに与えてくれているので、したがって、ハイパーオブジェクトのほうが、日常的な個々の事物（机、パソコン、蛍光灯、樹木、河川、田んぼ）がするよりも、はるかにその隠れているものを示唆しているのであり、その不気味さでわれわれを惹きつけている。巨大な嵐を見るとき、圧倒されるとともに不気味さが感じられる。これは崇高な経験であるが、とはいえこの崇高は、人間の理性的な能力を圧倒するときに美的距離をもって感じられるものではなく、対象との関係のただなかで生じた現われにおける崇高なのである。そしてこうした不気味さを含む対象と共存するのがダークエコロジーである。(8)

三　ハイパーオブジェクト時代の人間のリアリティ

ハイパーオブジェクトの存在を認めるなら、何が変化するのであろうか。モートンによれば、この時代のひとつの帰結は「世界の終焉」である。とはいえ、ここで言う世界は世界概念のことであり、この世が終焉を迎えることではない。モートンは、独自の意味で世界という言葉を用いているのであり、その意味を明らかにしなければ世界の終焉もあきらかにはならない。それでは、ここでの世界——環境、自然とも言いかえてもいいが——[9]とはいかなるものだろうか。

モートンによれば、「世界とは、ぼやけに基づいた美的効果、美的距離〔の産物〕である」（Morton 2013b 115)。例えば、科学革命以前に星々や月を見た人びとのことを考えてみるなら、天に浮かぶ発光体が何であるかを人びとは知らなかった（現在でも完全に理解したとは言えないが）。そこで、こうした無知の状態のもと、いや、無知だからこそ、かえって人びとは、それらの対象と距離をとっていると思いこみ（現代科学の観点では太陽や月の影響——太陽風であれ引力であれ——は地球に及んでいるので、本来距離は最初からとれていない）、また現われてくるものに恣意的な意味を投影することができた。つまり、現われはこのとき映像の映された「スクリーン」（Morton 2013b 117）のように機能した。しかも、そのスクリーンに現われているものは、それが何であるかという意味を根本的にもたず、根源的な「無意味さ」を含んでいる。だからこそ、人びとはそこに意味を与えて、世界概念を形成することができた。そうして形成されたのが天動説による世界である。（のちにこの世界は、コペルニクスやガリレイによって破壊されてニュートン的な絶対空間と絶対時間の世界が作られ、その世界もアインシュタインによって変更される。）

さらに、距離に基づくのではない「美的効果」も世界概念を形成することに寄与しており、それも堅固な意味や本質を含んではない。「世界という概念は、あらゆる種類のムード照明やムード音楽、つまりは美的効果に依存しているのであって、美的効果は、定義上、まったく滑稽な無意味さという核を含んでいる」(Morton 2013b 105)。ある明るさや音やリズムにしたがって、人間はそこにみずから作り上げたひとつの安定した世界という意味を作りあげた。こうして、「世界」はこれまで対象がそのなかで漂ったり立ったりする箱であり、背景のように存在すると考えられてきた(この世界については、ニュートンの絶対空間を思い浮かべていただきたい)。安定して継続する世界を背景にして、個物がどうふるまうかに人々は目を向け、生活してきたわけである。

しかし、こうした美的距離や美的効果に基づいて作られた世界(背景としての世界)は、ハイパーオブジェクトが介入するやいなや、脆くも崩れ去る。背景たりうる世界など存在しないことを、ハイパーオブジェクトがあきらかにしたからである。異常な集中豪雨、河川の氾濫、真夏の前例のない最高気温、強烈な陽射しによって、背景として安定した世界の不在をはっきりと示した。いや、そもそも、世界というひとつの巨大な容器、われわれがそのなかで安住できる巣穴のような世界などははじめからなかったのだ。それがあると思っていたのは、たまたま比較的安定した天候や気候に基づいてのみ世界概念を形成したからにすぎない。われわれが背景的世界と思っていたものは、生物圏、気候、進化といった、ハイパーオブジェクトという数万年も続く存在者の観点からすれば、たまたまわずかな期間に続いたかりそめの虚構的な安定であった。もちろんわれわれがそれほど気にも留めなかった背景たる世界は、ある種の安心感を与えてくれたし、居心地のよさがそこにはあった。しかし、いまや「……世界——あるいは自然と呼べるもの——の「中」でわれわれは生きているという理解は、ノスタルジアとしてしか、あるいは哀願や請願という一時的に有用でしかない限定された言葉としてしか、もはや有意味ではない」(Morton 2013b 101)。われわれはホビットが生息する世界のような、ノスタルジックな幻を創り出してきたが、それがもはや通用しない時代が到来したのである（自然概念も同様である。ときに原生自然と呼ばれた自然、取り戻すべき自然など最初からなかったのだ）。

このようにハイパーオブジェクトが世界概念を破壊するとき、われわれは次なる背景となる世界概念を作れるかといえばそうはならない。じっさい、次にどうなるかもわからなければ、つねに期待や予想を裏切る天気や気候が次々と現われるなら、もはやそれは背景になることなどできないからである。主題化された以上、世界は背景たることはできない。世界概念はすでに終焉を迎えたのであり、われわれは以下のように天気を語ることになった。

> 〔これまで〕天気の会話は、その前景でわれわれが人間らしい芝居のできる、中立的な画面の一部として機能できた。しかしハイパーオブジェクトがその会話を台なしにしてしまった。地球温暖化の時代には背景がなく、したがって前景もない。世界〔という概念〕が終わりを迎えている。というのも、世界〔概念〕は背景と前景に依存しているからである。世界は、われわれがその近くで分かり始めている脆い美的効果である。真の惑星意識〔われわれが地球を外から眺めるときにもつ意識〕は徐々に次のことを悟らせる。すなわち、「われわれは世界である〔われわれが世界を作っている〕（We Are the World）」のではなく、「われわれは世界ではない」のだ。（Morton 2013b 99）

それでは、「われわれが世界である」のでないなら、何が残るのだろうか。モートンによれば、それは他の対象との「親密さ（intimacy）」（Morton 2013b 108）である。われわれは世界を失ったが、「ますます大きくなる緊急性をもってわれわれの意識に忍び寄っているわれわれと共存する存在者」（Morton 2013b 108）を得た。世界の終焉の結果、新たな歴史が始まるのであり、現実は自分たちにとってのみ意味があるという人間の夢が終わったのである。世界といういわば繭から出て、人間は〈人間でないもの〉と新たな同盟を結ぶ。しかも、世界概念が崩壊した結果としてあきらかになるように、われわれはつねにすでにハイパーオブジェクトや他の諸対象との関係のただなかにいるのであれば、われわれの知の在り方も大きな変容を被る。上述のように、近代的な哲学の知の特徴は、メタ的になることであったし、それがすぐれていることの証でもあった。「哲学的に正しいことは、ほとんどの場合、メタ的になることであった」(Morton 2013b 146)。しかし、全対象を俯瞰できるほどメタ的観点に立てる人間など、どこにもいない。

> ハイパーオブジェクトに直面するとき、超越論的な形而上学を主張することなどできない。ハイパーオブジェクトはまったくそうさせてくれない。それらはわれわれにくっつき続ける。まさに超越論的な滑らかさや現前に対するわれわれの空想こそが、それらが存在するように召喚したのである。(Morton 2013b 180)

「メタ的である」と考えるところにも、つねにすでにハイパーオブジェクトは、われわれのとなりにいて、その手をわれわれの右肩にかけているのだ。

ハイパーオブジェクトと人間の関係

では、ハイパーオブジェクトにかかわるわれわれの経験の特徴はいかなるものか。そのひとつは「偽善(hypocrisy)」である(ほかには「弱さ(weakness)」と「跛行(lameness)」があるが、今回は省略する)。ハイパーオブジェクトは、異常な短時間の豪雨、季節外れの台風、など、多くの異常な現われをわれわれに示しているが、それらはいずれもハイパーオブジェクトそのものではない。いや、ハイパーオブジェクトのみならず、あらゆる対象つまり事物は、みずからの核心部分を隠したままである。この点は次のように説明されている。

> 「音楽について書くのは、建築について踊るのに似ている」という使い古された言葉はよく用いられる。私はつねづね、建築について踊ることはよい考えだと思ってきた。しかるにOOO（オブジェクト指向存在論）の観点では、これはすべての対象が互いにしていることなのである。結局のところ、いかなる対象も他の対象と真に接触するわけではない。ハーマンが言うところの「短信（note）」を共有しているにすぎない。したがって建築は、人間関係のまわりでは「柱になる」（あるいはそれが何をしようと）。そして犬は木のまわりの（about）匂いを嗅ぐ（ちょうどよいことに、about は around の意味もある）。そして、鉛筆は鉛筆削りのまわりで鉛筆となる。
> (Morton 2013b 151)

「音楽について書くのは、建築について踊るのに似ている」という言葉は、音楽を言語で表現することの難しさを表現している。しかしこれは、モートンにとっては、正当な表現であり、むしろそのまま受け入れるべき言葉となる。「〜について語る」とき、われわれはそのもの自体を論じることはできないし、その「まわりで（about）」語らざるをえない。というのも、対象は退隠してしまうからである。対象の退隠とともに残されたのは、それがわれわれに示してくれた一面としての現われである。「われわれは音楽のまわりで（about）拍手したり、音楽のまわりで踊ったり、音楽のまわりで演奏したり、音楽のまわりで書いたりする——これらのことはすべて、われわれがそのまわりでパフォーマンスしている音楽ではない」。音楽それ自体もハイパーオブジェクトであると言ってよいなら、それもわれわれに無数の曲として、演奏として、聴衆に聞かれるものとしてこれまでに現われてきた。しかしいずれも、音楽それ自体ではない。音楽について（音楽のまわりで）書かれ、演奏され、聞かれたことである。したがって、われわれは対象が差しだすものを真に受けてはいけないのであり、それはある一面にすぎない。

> 〔例えば〕たったひとつのバンカーズ・ランプがある。バンカーズ・ランプはみずからを伝達する。伝達されたものは、伝達するものとは異なる。それは、これを書いている私と、私によって書かれた私との違いのようなものだ。だからこそ、私は次のように言うことができる。「私は嘘をついている」や「この文は間違いだ」、と。この文は嘘であり、もっとも有名な嘘は嘘つきのパラドックスだ。「すべてのクレタ人は嘘つきだ」とクレタ人が言う。そのクレタ人は、本当のことを言っていると同時に、同じ理由で嘘をついている。この文は偽善的だ。それはあることを言っておいて、別のことをする。対象は偽善的なもので、自分自身を演じる役者なのだ。対象は正しく表現されえない。（Morton 2013b 151–152）

われわれは対象が偽善的であるとふつうは考えていない。それほど対象は、われわれにとって別の真の姿を暗示しはしないのであり、その偽善性はおおくのばあいあきらかにはならない。しかし、ハイパーオブジェクトほどの巨大な対象であれば、対象の偽善性はあきらかになりやすい。「ハイパーオブジェクトのおかげで、まさに、この本質的で存在論的な水準の偽善を知ることができる。というのも、ハイパーオブジェクトは、時間的にも空間的にも、われわれよりも尺度においてはるかに大きいからである」（Morton 2013b 152）。じっさいわれわれは、雨が降っているのを見るとき、それがもはやたんなる雨とは考えなくなっている。豪雨であれば、地球温暖化を意識するような雨であるし、何度も発生する巨大な台風、竜巻といった異常気象のばあいも同様である。雨はこれまでと同じように目の前で降っているけれども、地球温暖化はその雨の背後にひかえていることをわれわれに意識させている（あるいは強い陽光が皮膚を焼くことからも、地球温暖化というハイパーオブジェクトが示唆される）。雨はハイパーオブジェクトのもつ秘密をわずかなりとも語るけれども、嘘をついてもいる。というのも、現われは実在的対象とは異なるからである。「ある事物が「私のすることが私だ」と叫ぶとき、そのことは「この文は嘘だ」すなわち「私は嘘をついている」を含意する」（Morton 2013b 152）。ハイパーオブジェクトは、真意を隠した不気味さをただよわせながら現われている「崇高」な存在であり、われわれに影響力を行使する美的存在なのである。

制作・天才・倫理

ハイパーオブジェクトの時代においては、詩や芸術作品を制作する天才も、別のしかたで語られるようになる。モートンによれば、これまで西洋人は二世紀にわたって、人間は天才（genius）でありうると仮定してきた。しかしながら、世界概念が崩壊し、対象との関係のただなかにいることが明らかになった時代においては、「いまや、（ギリシア語のダイモーン（媒介する霊）のような）守護霊をもつ（*having genius*）という古い考えが甦ることになる。」（Morton 2013b 174）。というのも、他の対象から切り離された精神の内的空間などはもはやないからである。もちろん原始的な生活に戻ることがここで言われているわけではない。誰もそんなことをしないし、そんなことはできない。ここで言われているのは、「芸術は人間と人間でないものとの共同作業、ネガレスタニの言葉を借りれば「匿名の素材との共犯関係」となる」（Morton 2013b 174）ことである。

詩を書くとき、紙、インク、ワープロソフトウェア、樹木、編集者、空気をあなたは扱っている。地球温暖化

> にかんするあなたの詩が、はたしてハイパーオブジェクトが人間の耳や図書館にみずからを分散させる方法なのかどうかが問われねばならない。芸術はダイモーン的なもの（the demonic）に調律する。例えば、フェリックス・ヘスのおかげで、われわれは、窓に設置したマイクからの音を録音し、その録音を人間以上のスピードに〔再生〕することによって、大西洋上の気圧変動の音を聞くことができる（「時間のうねり（Temporal Undulation）」〔ハイパーオブジェクトの特徴のひとつ〕の項を参照）。天才に「なる」のではなく、守護霊を「もつ」のであり、その理由は、芸術とは、人間でないものからやってきてわれわれに浸透していくダイモーン的な力に調律することだからだ。（Morton 2013b 174-175）

「詩を書くとき、紙、インク、ワープロソフトウェア、樹木、編集者、空気」という諸対象が関与する。むろんそれ以外の諸対象も関与するのは言うまでもないだろう。周囲を取り囲んでいる対象群、机、照明、音楽、服装、空気にとどまらず、肉体の内側にもうごめいている無数の対象、心臓や肝臓や大腸や腸内の細菌やウイルスなどの働きこそが、われわれと共存している。それらの無数の諸対象こそ、われわれの制作を方向付けているのであり、別の言い方をすれば。身体の内外の無数の諸対象に「調律する（attuning）」ときにこそ、芸術作品の制作が成立する。何かを制作する行為は、あまりにも多すぎる匿名の諸対象との共犯関係の結果として成立するのである。しかも、すでにあらかじめ対象が退隠したうえで諸関係が成立するのであるから、みずからが表現したことの、あるいは、みずからが製作したことの根拠や原因は究極的にはわからない。しかもいかなる人も「時代の子」であると言うことが許されるなら、ハイパーオブジェクトの時代の子が、作品を制作しているのである。しかし、これまでのことから明らかなように、その作品も、十全に何かを伝えることができるわけではない。完全に他の影響を被らないメタ的な観点には立つことができないし、そもそもわれわれが対象の実在に触れようとするとき、それは逃れ去ってしまう。つまり対象は「退隠」してしまうのである。[10]

現代のエコロジカル・アートの中には、共存する事物の関係性についての認識の地図を作ろうとするものがある。しかし、もし事物がどこかで還元されないしかたで退隠するなら、つまり、もし事物が避けられない影の部分をもつなら、そのような認識の地図は事物の表面をなぞることしかできない。（Morton 2013b 179）

こうしたハイパーオブジェクトの時代におけるアートのありかたは、このように表面をなぞることにならざるをえない。しかしそれでも、超高性能のコンピューターなどもちいなくとも、アート作品は、ハイパーオブジェクトにおける実在的対象の一面を描きだし示してくれる。だからこそ、モートンはアート作品を多く援用しているのである。

さらに、このように人間が他の諸対象の影響のもとで行為するのだとすれば、倫理も大きく変更を迫られる。われわれはみずからの自由意志によって、選択に基づいて行為することにはならないからである。もしそうなら、倫理的な行為はどのように理解されるのだろうか。モートンはリンギスを参照して、ひとつの例をあげている（Cf. Morton 2013b 141）。例えば、あなたが北カリフォルニアのセコイアの森を歩いているとする。あなたは巨大な木々に取り囲まれているし、地衣類の巨大なネットワークが枝の周りに広がっている。このとき、あなたはタバコの匂いを嗅ぎつけ、匂いのする方に目をやると、シダの下草の中で光るタバコの吸い殻の先端にあるオレンジ色が見える。あなたはそこへ跳んでいって、シダをよりわけて煙草を足で消し、ふたたび火が起こらないようにそこに水筒の水をかける。あるいは、これもモートンがあげている例だが、あなたが外出するときに、ふと電気をつけっぱなしにしたかのような気がして、あわてて家へと帰ることがある。

これらの事例においては、ある水準（level）が生じている。「ここで水準が対象によって生成されるとは、対象が私を物理的に把握することであり、把握とは私に指令（directives）を送ることである」（Morton 2013b 140）。諸対象の方がわれわれをつかむとき、ある種の水準が生じているのであり、モートンは、語のニュアンスの適切さから、「水準」を「領域（zone）」（Morton 2013b 141）と言いなおしている。つまり対象に囲まれているとき、われわれは対象から放たれている「指令」からなる「領域」のうちにいる。対象は、〈いかにして行為すべきか〉という心構えをほのめかしているのだ。ハンマーはあるしかたで握られることを望んでいるし、森の道はあるペースで歩き、動物の声に耳を傾け、障害物を避けろと体に指示している。そして、タバコの吸い殻は、それを消すように要求している。この指令がわれわれを摑んでいる状態は、以下のように説明されている。

これらの指令は、「私が（合理的かどうかは別として）正しい行動の過程を考えるまえに、すでに私を摑んでいる。……指令は、私がそのなかに自分自身が捕らわれていることに気づく美的因果関係の領域（水準）を確立する存在者から生じる。これらの指令は、空虚な空間の中での何らかの決定ではなく、定言命法を根拠としている。事物に対してどのように心構えすべきかについて、遅ればせながら考えていることにわれわれは気づくのである」。（Morton 2013b 141）

このような領域にわれわれがいるのだとすれば、われわれは自由意志を働かせある行為を選択して、倫理的にふるまうのではない。自由意志は過大評価されているのであり、「われわれは、葉っぱや、テニスラケットや、車のアクセルや、通行人に誘惑され誘導されている（seduced and induced）。私は自分が（単一の、堅固な）世界にいるのではなく、むしろ特定の諸対象によって放出される、変化しやすい領域の集まりの中にいることに気づく」（Morton 2013b 141）。したがって、世界ひいては自然が消滅したことを踏まえると、以下のように言うこととなる。

> われわれが行き着くのは、美的距離を保つことができない状況である。この距離が自然という概念を生みだす主要因である。したがって、ハイパーオブジェクトが不気味に周囲ににじみ始めるのとまさに時を同じくして、自然が消滅するという不思議な現象が生じる。〔アメリカの車のサイドミラーに映るもののように〕「鏡の中のものは見た目よりも近くにある」のだ。粘性は、われわれを強制するものであり、われわれを指令（リンギスの用語）の領域におく。この領域では、選択は道徳的行動のプロトコルではない。ハイパーオブジェクトの粘性は、われわれにたえずつきまとう。それはわれわれの社会的空間や、心理的空間や、生態学的空間にのしかかるように迫ってくる。あるいはむしろ、それがすでに迫っていたことに、われわれは気づくのである。存在論的に（そして時間的に）われわれの概念的な探究に先立って、ハイパーオブジェクトは『シックス・センス』の幽霊のように〔すでにずっと前から〕ここにいる。（Morton 2013b 181）

このように、モートンの（リンギスを援用した）立論によれば、倫理は大きく変化する。[11] われわれは、自然の因果から切り離された自由な立法者、自律的存在でも、功利主義的な計算結果を前提にひとつの政策を選択する者でもない。そうではなく、われわれは「つねにすでに」無数の対象にとらえられ、対象から発せられた「指令」の「領域」のうちにいる。車道に飛び出した子どもを目にするとき、われわれはせき立てられるように、あるいは促されるように助けに行く。このとき、その究極的な理由や原因はわれわれにはわからない。ただ、そうしてしまうのである（われわれの行為や選択の理由など、じつは後付けではないだろうか）。こうした対象の因果的水準があらかじめあるからこそ、倫理の学的探求が成立するのである。

むすびとして

幾多もの対象の放つ諸領域のなかで、われわれは生きている。かつてリアルと思われた安定した堅固な世界概念はいまのわれわれの置かれた状況を表すにはもはや適してない。たしかにこれまであった常識的な世界観（背景としての世界、安定した世界）を捨て去るには抵抗が少なからずあろうし、やはり日常生活を維持し生きていくためには、世界概念の崩壊からは目を背けたくもなるだろう。しかし、事態はそれを許してくれなくなっている。リアルな存在と呼べるものが実在的対象を核とした対象であり、そのなかでも甚大な範囲に影響力をもつハイパーオブジェクトであることを受けいれるなら、われわれをとりまくもの（地球温暖化、生物圏、石油、プラスチック、ウラン235、ウイルス）への見方、人間観、人間の制作や行動の理由や原因、倫理的価値として優先されるべきもの、ひいては社会システム（意思決定の在り方を含む）を変更せざるをえないだろう。旧来の〈世界の実在性（reality）〉が崩壊し、ハイパーオブジェクトによる〈実在の対象による領域〉――実在する「われわれをとりまくもの」からなる「領域」――を認めるなら、われわれはこうした新たな課題に直面せざるをえない。

「現実（real なこと）を受け入れるべきだ」という表現は、本当の出来事を見ていないときにもちいられる叱責の言葉だが、われわれは、この言葉を今こそ真に（really）考える必要がある段階にいる。この意味でリアリティの分析は急務であり、本稿はそのひとつのきっかけにすぎない。この急務にさいして、アート作品は、モートンが考えるように、われわれに不可視のものを伝え、新たな視点の転換をもたらしうる。科学技術を支える数学的・客観的普遍でも、たんなる個別的で主観的な感情や価値でもなく、それらの中間領野を拓いてくれるからである。モートンの紹介しているフェリックス・ヘス、マリナ・ザーコウ（アメリカ合衆国のヴィジュアル・アーティスト）、ユクルジ・ナパンガティ（アボリジニの芸術家）などの作品、われわれに対象ひいてはハイパーオブジェクトの一端を伝達し、人類の未来や、環境というわれわれをとりまくものの未来を伝えてくれる。スペキュラティヴ・デザイン（speculative design）もそのひとつだろう。アート作品は、新たなリアリティをあらわにし、その影響は様々な分野へと波及していくのである。

（1）モートンの最初の環境哲学の著作『自然なきエコロジー』においては、ロマン主義的な「美しき自然」は作られたものであり、そうした美しき自然を取り戻そうとするエコロジーを否定している。これに対して、『ハイパーオブジェクト』においてモートンが目指したのは、「〈物質なき〉エコロジー」である。「私のエコロジー研究の第一段階が〈自然なきエコロジー〉であったとすれば、今回の研究は〈物質なきエコロジー（ecology without matter）〉である」（Morton 2013b 150）と、モートンは言う。とはいえ、『自然なきエコロジー』には、のちの『リアリスト・マジック』や『ハイパーオブジェクト』における議論の祖型がすでに出ているとも言え、きわめて重要である（じっさい、『リアリスト・マジック』には『自然なきエコロジー』でなされた議論が散見されるほどである）。

（2）モートンの環境哲学の背景には、人新世という時代背景があることを見逃してはならないだろう。産業革命以来、劇的に産業・経済・技術を発展させ、人口を急激に増大させてきた結果、これまでにないほどの影響を自然ないし世界に、人間的活動の痕跡を地球に残すようになった。農業の大規模化によって土壌を貧困化させ、大規模な土木建築によってかつてないほど土を移動し、半減するのに二万年を要するウランを製造し、原子力発電所を設置し、温暖化の要因となる二酸化炭素を排出し続けている。さらにプラスチックひいてはマイクロプラスチックを海洋に、ナノプラスチックを大気中に浮遊させている。これらは、人間的活動のほんの一端であるが、確実にこれまでの地球の歴史にはないあらたな局面を生み出している。これらの人間的活動は地層として残るのであり、人新世はその地質年代を表している。

（3）　例えば、人類学的な例証も可能である。「人間は、身体外部の環境の中の種を体内に取り込みながら生命をつなぐだけでなく、身体内部に住む一千兆個に及ぶとされるヒト常在細菌の複数のコミュニティとのマルチスピーシーズ的な関係の中で生きる人間―生成である。ストレプトコッカス・ミュータンスという細菌は、農業により穀物を摂取し、糖分が豊富になった人間の体中で「家畜化」されるようになった」（奥野克己『絡まり合う生命―人間を超えた人類学』亜紀書房、二〇二二年、一九二頁。傍線の強調は引用者）。

（4）　ミクロのうちにいかに多くの細菌が存在し、それがどれほど他の存在に影響を及ぼしているかは、計り知れない。例えば、次のようなことが知られている。「私たち人間は、行った先々に生物の大群を残していく。家の中を歩き回ると、皮膚の表層の死んだ細胞が剥がれ落ちる。「落屑（らくせつ）」と呼ばれる現象だ。どんな人でも、一日におよそ五、〇〇〇万個の皮膚断片（鱗屑（りんせつ））が身体から剥がれ落ちている。そして空中を漂う鱗屑一つ一つに数千個の細菌が棲んでいて、それを食べている。これらの細菌は、鱗屑のパラシュートに乗って、降りしきる雪のごとく、私たちの身体から降り注いでいるのだ。私たち人間はさらに、唾液その他の体液や糞便に乗せて、あちこちに細菌を残していく。その結果、家屋内の私たちが過ごした場所には、私たちの存在の跡が残されている。これまでに調査してきたどの家屋でも、人が身を置いたすべての場所から、その人が生きている証である微生物が見つかった」（ロブ・ダン『家は生態系―あなたは20万種の生き物と暮らしている』今西康子訳、白揚社、二〇二一年、五九頁）。

（5）　ここでの実在的性質や実在的対象という言葉は、ハーマンのオブジェクト指向存在論に由来している。モートンは、ハーマンからの影響のもと、対象を論じており、そのさい対象には四つのありかたがある。感覚的性質、感覚的対象、実在的性質、実在的対象である。この点は、ハーマンの『四方対象』第七章「新しい四方界（The New Fourfold）」に詳しく説明されている（Harman, G., The Quadruple Object, Zero books, 2011（ハーマン『四方対象』岡嶋隆佑監訳、人文書院、二〇一七年）。また、飯盛元章『連続と断絶：ホワイトヘッドの哲学』人文書院、二〇二〇年、第二章もハーマンの解説として有用である。

（6）　ハイパーオブジェクトとメッシュの関係については、以下のようにふるいを通過する点が指摘されている。「ハイパーオブジェクトは、多くのふるいを通過して、メッシュのもう一方の端で翻訳された情報として現われる。大きな雨粒は私に嵐の到来を教えてくれるのであり、その嵐は稲妻を異常な仕方で点滅させている。その稲妻は地球温暖化の指標である。同期化されたものは、耳や、頭頂や、風見鶏などの機器〔のある空間〕よりも高次元の位相空間に大量に分散している対象の指標的記号である。指標とは、それが示すものの直接的な一部である記号だ。ハイパーオブジェクトが通過するふるいである相互接続したメッシュのなかでは、より小さなものが、みずからがそのなかに存在しているハイパーオブジェクトの指標となる。〔例えば〕不思議なほど長い間、湖に留まる鳥の群れ。濡れた戸口に暖かさと湿気を求めて集まっているカエルはそうしたものである」(Morton 2013b 77)。例えば地球温暖化のハイパーオブジェクトは、二酸化炭素、水蒸気、太陽、海、風などの多くの対象を経由して、ひとつの大雨となって、われわれに現われる。

(7) ここでのモートンの議論は、エマヌエーレ・コッチャのある対談での発言と響き合うところがある。そこではアリストテレスの媒質(medium)の話をしているが、その媒体の位置がここでは重要である。

客体と主体の「この中間の空間はのちの伝統の中で媒質(medium)と呼ばれるようになります。客体そのものは可感的ではありませんが、この空間の中で可感的になります。空間や空気、光といった媒質があるおかげで、客体は可感的になるのです。この客体の可感化こそ、アリストテレスが、そして私が「イメージ」と呼ぶものです。イメージとはある客体が経過する複数の段階のうち、主体によって客体が知覚できるようになる段階、つまり客体が可惑的になる段階のことです。それは音であってもかまわないし、嗅覚的なものかもしれませんが、単に視覚的なのではありません。

だからイメージは客体(物体)ではない。それは決して客体ではない。客体と主体のあいだの第三の空間であり、だから客体と主体を隔てると同時に接続するものです。それゆえにこそイメージはかくも重要なのです。というのも、イメージがなかったなら私たちは世界を知覚することも、世界の中に存在することも、他の人々あるいは他の客体たちと接触を持つこともできないからです」(長谷川裕子ほか『新しいエコロジーとアート「まごつき期」としての人新世』以文社、二〇二二年、一四二―一四三頁)。

ここでのイメージは、モートンのメッシュの生じている領域と類似するところがあるのではないか。なお、モートンのメッシュについてはデリダを参照しているところもあり、それについては拙論も参照いただきたい（竹中真也「モートンの環境哲学（1）」『人文研紀要』（九三）中央大学人文科学研究所、二〇一九年、二七九―三〇四頁）。

（8）ダークエコロジーについては、拙論のむすびにおいてわずかに論じたので、参照いただきたい（竹中真也「モートンの環境哲学（2）」、『人文研紀要』（九八）中央大学人文科学研究所、二〇二一年、六一―八〇頁）。

（9）モートン以外にも、「自然」つまり「手つかずの自然」など、都市生活との対比とのもとで作られた幻想だと主張する者はいる。アーバナのイリノイ大学の古生態学者であるフェング・シェング・フーとの対談で、エマ・マリスは以下のような言葉をフーから引き出している。「私はフーに聞いてみた。私たちが基準となる過去の自然と見なせるほど、また安定的平衡状態に達したと見なし得るほどに、地球の生態系が長期にわたって変動することがなかった、「平穏な瞬間」を特定できるか、と。答えは「ノー」だった」（エマ・マリス『「自然」という幻想：多自然ガーデニングによる新しい自然保護』（岸由二他訳）草思社、二〇一八年、六一頁）。

（10）「ハイパーオブジェクトは、すでに起こっていることを明らかにしているにすぎない。つまりその起こっていることとは、人間は自分の周りに群がる存在に真摯に（sincerely）調律しているがゆえに弱く、メタ言語の静止軌道に自分で到達できないということだ。超加速〔時代〕の内部論理が確信させるのは、対象の存在について走査型トンネル顕微鏡をもちいて「実在的なものに触れる」と、人間がただちにそれを見失ってしまうことである」（Morton 2013b 179）。このことは、量子を観察するときには、運動量と位置を同時に見ることができないことと並行関係があり、モートンは量子論を援用して、ハイパーオブジェクトを説明している。この点で、量子論とハイパーオブジェクトは、モートンの中では重なっている。

（11）人間が自由意志をもつというのは幻想であることは、リベットの実験などの脳科学的な観点からもすでに述べられているし、この点を知情意にわたって徹底的に示したのは前野隆司の「受動意識仮説」だと思われる（前野隆司『脳はなぜ「心」を作ったのか――「私」の謎を解く受動意識仮説』筑摩書房、二〇〇四年）。われわれの意識は、つねにすでに生じている脳内の活動の結果を見ているにすぎない。

文献表

Harman, G. (2011). *The Quadruple Object*, Zero books（ハーマン『四方対象』岡嶋隆佑監訳、人文書院、二〇一七年）.

Morton, T. (2007). *Ecology Without Nature : Rethinking Environmental Aesthetics*, Harvard University Press（邦訳：ティモシー・モートン『自然なきエコロジー』篠原雅武訳、以文社、二〇一八年）.

――――― (2010). *The Ecological Thought*, Harvard University Press.

――――― (2013a). *Realist Magic : Objects, Ontology, Causality* , Open Humanities Press.

――――― (2013b). *Hyperobjects : Philosophy and Ecology after the End of the World,* University of Minnesota Press.

飯盛元章『連続と断絶：ホワイトヘッドの哲学』人文書院、二〇二〇年。

エマ・マリス『「自然」という幻想：多自然ガーデニングによる新しい自然保護』岸由二・小宮繁訳、草思社、二〇二一年。

奥野克己『絡まり合う生命―人間を超えた人類学』亜紀書房、二〇二二年。

塩田弘、松永京子ほか編著『エコクリティシズムの波を超えて―人新世の地球を生きる』音羽書房鶴見書店、二〇一七年。

篠原雅武『人新世の哲学：思弁的実在論以後の「人間の条件」』人文書院、二〇一八年。

竹中真也「モートンの環境哲学（1）」、『人文研紀要』（九三）中央大学人文科学研究所、二〇一九年、二七九―三〇四頁。

竹中真也「モートンの環境哲学（2）」、『人文研紀要』（九八）中央大学人文科学研究所、二〇二一年、六一―八〇頁。

福岡伸一『芸術と科学のあいだ』木楽舎、二〇一五年。

前野隆司『脳はなぜ「心」を作ったのか―「私」の謎を解く受動意識仮説』筑摩書房、二〇〇四年。

ロブ・ダン『家は生態系―あなたは二〇万種の生き物と暮らしている』今西康子訳、白揚社、二〇二一年。

長谷川裕子ほか『新しいエコロジーとアート「まごつき期」としての人新世』以文社、二〇二二年。

執筆者紹介（執筆順）

寺本　剛　研究員　中央大学理工学部教授
入不二基義　青山学院大学教育人間科学部教授
飯盛元章　客員研究員　中央大学文学部兼任講師
佐藤陽祐　研究員　中央大学文学部助教
青木滋之　研究員　中央大学文学部教授
竹中真也　客員研究員　中央大学文学部兼任講師

リアリティの哲学

中央大学人文科学研究所研究叢書　79

2023 年 3 月 15 日　初版第 1 刷発行

編著者　寺　本　剛
発行者　中央大学出版部
代表者　松　本　雄一郎

〒 192-0393　東京都八王子市東中野 742-1
発行所　中央大学出版部
電話 042(674)2351　FAX 042(674)2354
https://up.r.chuo-u.ac.jp/up/

ISBN978-4-8057-5362-0　㈱ TOP 印刷

中央大学人文科学研究所研究叢書

69 英文学と映画

イギリス文学の研究者たちが、文学研究で培われた経験と知見を活かし、映画、映像作品、映像アダプテーション、映像文化について考察した研究論文集。

A5判　二六八頁
三一九〇円

70 読むことのクィア　続 愛の技法

ジェンダー、セクシュアリティ、クィア研究によって、文学と社会を架橋し、より良い社会を夢見て、生き延びるための文学批評実践集。

A5判　二五二頁
二九七〇円

71 アーサー王伝説研究　中世から現代まで

二〇一六年刊行『アーサー王物語研究』の姉妹編。中世から現代までの「アーサー王伝説」の諸相に迫った、独創的な論文集。

A5判　四八四頁
五八三〇円

72 芸術のリノベーション　オペラ・文学・映画

歌曲「菩提樹」、オペラ《侏儒（こびと）》《影のない女》《班女》、小説『そんな日の雨傘に』、「食」と映画などを現代の批評的視点から。

A5判　二〇〇頁
二四二〇円

73 考古学と歴史学

考古学と歴史学の両面から、日本列島の土器や漆、文字の使用といった文化のはじまりや、地域の開発、信仰の成り立ちを探る論文集。

A5判　二四八頁
二九七〇円

74 アフロ・ユーラシア大陸の都市と社会

地球人口の大半が都市に住む今、都市と社会の問題は歴史研究の最前線に躍り出た。都市と社会の関係史をユーラシア規模で論じる。

A5判　七二八頁
八八〇〇円

中央大学人文科学研究所研究叢書

75 ルソー論集　ルソーを知る、ルソーから知る

二〇一二年のルソー生誕三〇〇年から九年。共同研究チーム「ルソー研究」の一〇年を締め括る論集。文学、教育、政治分野の一三名が結集。

A5判　三九二頁　四七三〇円

76 近代を編む　英文学のアプローチ

「言葉を編む／編まれた言葉」の相からテクストを精読し、そのあらたな姿を探る。英文学の近代を巡るケーススタディ集。

A5判　二九〇頁　三四一〇円

77 歴史の中の個と共同体

宗教、政治、都市、ジェンダーの観点から多様な共同体の構築と維持を東洋史・西洋史の専門家が幅広く分析し、その多様な姿に迫る。

A5判　五三〇頁　六三八〇円

78 キャンパスにおける発達障害学生支援の新たな展開

発達障害学生に対する新しい支援システムによる活動の記録。大学の各学部事務室に心理専門職を配置し個々の学生に合わせた学修支援を行っている。

A5判　二〇八頁　二四二〇円

表示価格は税込です。近刊本のみ表示しています。